青年学者文丛

"互联网+"背景下高职英语教学研究

冯 娟 著

北京邮电大学出版社
www.buptpress.com

图书在版编目（CIP）数据

"互联网+"背景下高职英语教学研究 / 冯娟著.
北京：北京邮电大学出版社，2024. -- ISBN 978-7
-5635-7334-9

Ⅰ．H319.3

中国国家版本馆 CIP 数据核字第 2024AK9072 号

策划编辑：姚　顺	责任编辑：廖　娟	责任校对：张会良　　封面设计：七星博纳

出版发行：北京邮电大学出版社
社　　址：北京市海淀区西土城路 10 号
邮政编码：100876
发 行 部：电话：010-62282185　传真：010-62283578
E-mail：publish@bupt.edu.cn
经　　销：各地新华书店
印　　刷：保定市中画美凯印刷有限公司
开　　本：720 mm×1 000 mm　1/16
印　　张：11.5
字　　数：235 千字
版　　次：2024 年 10 月第 1 版
印　　次：2024 年 10 月第 1 次印刷

ISBN 978-7-5635-7334-9　　　　　　　　　　　　　　　定价：52.00 元

· 如有印装质量问题，请与北京邮电大学出版社发行部联系 ·

前　言

在"互联网+"背景下,社会环境发生了新的变化,社会对人才的需求也更倾向于创新型、专业型。为了满足社会转型升级所需要的大量专业技能型人才,高职院校想要提高人才培养质量,就应当尽快进行教学改革。但长久以来,高职院校英语教学的理论研究和实践探索都处于边缘化的境地,传统低效的教学模式在很大程度上制约了高职院校英语教学的发展。因此,亟须加快高职院校英语教学理论和实践的改革和发展。

在"互联网+"环境下,高职英语教学应开拓全新的教学模式,以适应新的环境。然而,受传统教学模式的影响,高职院校的英语教学面临诸多问题。一是高职学生的英语水平参差不齐,基础普遍薄弱,英语综合应用能力较差,这增加了教学难度;二是高职英语课堂教学内容陈旧,教学方法单一,并且常常忽视学生在教学中的主体地位,学生难以感受到学习的乐趣,教师也无法从学生中及时获得教学信息的反馈;三是高职英语课堂教学模式传统,未充分利用先进的教学工具和资源激发学生的学习兴趣。进入网络时代后,新的学习方式(如慕课、微课、信息化学习工具等)给传统单一的英语教学方式注入了新鲜的血液,也为高职英语教学提供了全新的路径。因此,"互联网+"环境下高职英语教学的深入改革与创新势在必行,高职英语教学有必要在转变教学思想、革新教学模式、创新教学策略、优化教学评估的基础上寻求更大的进步与发展。本书立足于互联网时代的发展背景与发展基础,深入剖析高职英语教育教学的现状与存在的问题,旨在探索高职英语教学创新发展的有效策略。

本书为湖南省教育科学"十四五"规划课题"交往理性视域下高校师生关系的审视与构建研究"(课题批准号:XJK23CZY011)研究成果。在撰写本书的过程中,作者参阅了大量有关"互联网+"与高职英语教学的书籍和期刊文献,同时为了保证论述的全面性与合理性,本书也引用了许多专家、学者的观点。在此,谨向相关作者表示最诚挚的谢意。由于作者水平有限,书中难免存在疏漏之处,恳请广大读者批评指正。

作　者

目 录

第一章 "互联网+教育"的发展历程与内涵和特征 ················ 1
  一、"互联网+教育"的发展历程 ································ 1
    (一) 19 世纪末至 20 世纪中期 ···························· 1
    (二) 20 世纪六七十年代的计算机辅助语言学习 ·············· 3
    (三) 20 世纪八九十年代的 CALL ·························· 5
    (四) 20 世纪九十年代后的万维网 ·························· 8
    (五) 20 世纪末和 21 世纪初的"互联网+教育" ·············· 9
  二、"互联网+"的内涵和特征 ································ 10

第二章 "互联网+教育"的可行性与划时代意义 ················ 12
  一、"互联网+教育"的可行性 ································ 12
  二、"互联网+教育"的划时代意义 ···························· 13

第三章 "互联网+"给我国高等教育带来的机遇与挑战 ·········· 14
  一、"互联网+"给我国高等教育带来的机遇 ···················· 14
  二、"互联网+"给我国高等教育带来的挑战 ···················· 15

第四章 高职英语教育教学概况 ······························ 18
  一、高职英语专业教育现状 ·································· 18
    (一) 高职专业设置的特点 ································ 18
    (二) 高职英语专业的培养目标和社会意义 ·················· 19
    (三) 高职英语专业与本科英语专业的区别 ·················· 20
    (四) 高职英语专业社会需求 ······························ 21
    (五) 高职英语教育的两个转变 ···························· 22

（六）高职英语教育的四大焦点……………………………………23
　　（七）高职英语教师现状分析………………………………………26
二、高职英语专业教学模式分析…………………………………………27
　　（一）教学模式定义…………………………………………………27
　　（二）我国英语教学的特殊背景……………………………………28
　　（三）高职英语专业教学模式的定位………………………………29

第五章　高职英语专业建设情况……………………………………30

一、高职英语课程设置概论………………………………………………30
　　（一）高职课程设置的特点…………………………………………30
　　（二）高职公共英语课程设置………………………………………32
　　（三）高职英语专业课程设置………………………………………37
二、高职英语专业建设概述………………………………………………40
　　（一）高职专业建设的主要内容……………………………………40
　　（二）高职院校专业建设的要素……………………………………40
　　（三）高职英语专业的人才培养目标及专业特色…………………41
　　（四）高职英语专业建设的内容……………………………………42
三、高职英语教材建设情况………………………………………………47
　　（一）高职英语教材建设的基本情况………………………………47
　　（二）高职英语教材存在的问题……………………………………48
　　（三）加强高职英语教材建设的必要性……………………………48
　　（四）关于高职英语教材建设的建议………………………………49
四、高职英语课程思政建设情况…………………………………………50
　　（一）课程思政背景与内涵…………………………………………50
　　（二）高职英语课程思政建设现状与存在的主要问题……………52
　　（三）高职英语课程思政开发与实施………………………………53

第六章　"互联网+"背景下的英语自主学习监控理论………………60

一、"互联网+"背景下的英语自主学习监控……………………………60
　　（一）学习监控的定义及特征………………………………………60
　　（二）自主学习监控路径……………………………………………61
　　（三）大学生英语学习的特点………………………………………68
　　（四）英语自主学习监控的现状与必要性…………………………72
　　（五）自主学习监控的目标、类型、原则与特征…………………78
　　（六）自主学习监控的内容…………………………………………81

二、自主学习多元监控体系探究 ………………………………………… 83
　　（一）自主学习多元监控体系的构建 ………………………………… 83
　　（二）英语自主学习监控策略 ………………………………………… 84

第七章 "互联网+"与英语教学的融合 …………………………………… 96

一、"互联网+"与英语教学融合的原因 …………………………………… 96
　　（一）有利于推动英语课程教学改革 ………………………………… 96
　　（二）为英语课程的教与学提供更广阔的实践空间 ………………… 97
　　（三）"互联网+"英语课堂与传统课堂的对比 ……………………… 99

二、"互联网+"对英语教学的影响 ……………………………………… 102

三、混合式教学模式在高职英语教学中的应用 ………………………… 105
　　（一）混合式教学模式 ………………………………………………… 105
　　（二）混合式教学模式构建 …………………………………………… 105
　　（三）高职英语课堂混合式教学的必要性和可行性 ………………… 107
　　（四）混合式教学模式有效实施的反思及建议 ……………………… 108
　　（五）混合式教学的实施技巧 ………………………………………… 110

四、高职英语移动课堂的构建 …………………………………………… 117
　　（一）移动学习的理论 ………………………………………………… 117
　　（二）移动学习的理论基础 …………………………………………… 119
　　（三）高职院校移动英语学习环境的构建 …………………………… 122

第八章 "互联网+"背景下英语教学新模式 …………………………… 124

一、慕课教学模式 ………………………………………………………… 124
　　（一）慕课教学模式概述 ……………………………………………… 124
　　（二）慕课教学模式的应用 …………………………………………… 129

二、翻转课堂教学模式 …………………………………………………… 130
　　（一）翻转课堂教学模式概述 ………………………………………… 130
　　（二）翻转课堂教学模式的应用 ……………………………………… 134

三、微课教学模式 ………………………………………………………… 137
　　（一）微课教学模式概述 ……………………………………………… 138
　　（二）微课教学模式的应用 …………………………………………… 141

四、网络聊天工具辅助教学 ……………………………………………… 141
　　（一）网络聊天应用于高职英语教学的本质 ………………………… 142
　　（二）网络聊天进入课堂的优势 ……………………………………… 142
　　（三）网络聊天和传统课堂英语教学的关系 ………………………… 142

（四）将网络英语聊天嵌入高职英语教学活动中 ………………………… 143
　　（五）开展网络聊天以促进高职高专英语教学的具体方式 …………… 144

第九章　"互联网+"高职英语写作教学实践 ………………………………… 146
　一、"互联网+"高职英语写作创新教学模式构建 ……………………… 146
　二、"互联网+"高职英语写作创新教学模式实践 ……………………… 148
　三、社交软件丰富课后写作活动 ………………………………………… 150
　　（一）英文书信纠错活动 ………………………………………………… 151
　　（二）英语故事续写接龙 ………………………………………………… 154
　　（三）使用单词创作故事 ………………………………………………… 156
　　（四）问题反思 …………………………………………………………… 158

第十章　"互联网+"高职英语课程思政教学实践 …………………………… 160
　一、拓展教学资源 ………………………………………………………… 160
　二、丰富教学活动 ………………………………………………………… 161
　三、优化教学内容 ………………………………………………………… 162
　　（一）教学内容与职业需求和岗位核心能力相结合 …………………… 162
　　（二）教学内容与时事新闻相结合 ……………………………………… 164
　　（三）教学内容与中国传统文化和特色文化相结合 …………………… 164

第十一章　"互联网+"高职口语教学实践 …………………………………… 166
　一、教学设计与实践 ……………………………………………………… 166
　　（一）教学对象 …………………………………………………………… 166
　　（二）打卡内容 …………………………………………………………… 166
　　（三）打卡方式 …………………………………………………………… 168
　　（四）点评方式 …………………………………………………………… 168
　二、教学效果与评价 ……………………………………………………… 168
　　（一）微信群口语打卡的教学效果反馈 ………………………………… 168
　　（二）微信群口语打卡的优势和不足 …………………………………… 170

参考文献 ……………………………………………………………………… 172

第一章 "互联网+教育"的发展历程与内涵和特征

一、"互联网+教育"的发展历程

互联网技术不仅在人类教育发展的历程中起着重要的促进和支撑作用,还是推动教育教学模式演变的重要力量。互联网技术与外语教学的结合是当前外语教学改革的核心问题。纵观外语教学的发展史,"互联网+"对教学理论和教学流派在外语教学中的实践都有着深刻的影响。互联网技术的发展推动了外语教学的改革和创新,而语言学习理论和教学理论的发展又为多媒体与外语教学的整合提供了重要的理论指导。因此,互联网技术的不断发展持续推进其在外语教学中应用的广度与深度。

(一) 19 世纪末至 20 世纪中期

19 世纪末至 20 世纪中期,近代互联网技术迅猛发展,其特点就是电能与信息的结合。这一时期,基于互联网技术的视听媒体开始应用于外语教学中。这种新型的教学媒体给学生提供了生动的视觉信息和听觉信息,使外语教学取得了很大的成就。其中,幻灯片、电视、留声机、录像机、广播等在这一时期被广泛使用。下面主要对听觉媒体、视听媒体和语言实验室展开论述。

1. 听觉媒体

所谓听觉媒体,是指发出的信息主要对人的听觉器官产生作用的媒体,如收音机、留声机、录音机、电话等。20 世纪初期,对与外语教学密切相关的留声机的研究兴起,同时也产生了数量可观的论文。其中,克拉克(Clarke)发表了关于留声机的文章,文章中提到留声机对外语教学有极大的帮助,且教学实验也十分成功。克拉克的实验证明了使用留声机的教学比传统教学更能激发学生的好奇心和学习动机,从而增强学生的记忆。

1920年,世界上第一座广播电台的诞生标志着收音机进入外语教学领域。作为留声机引入外语教学领域的延伸,收音机具有明显的优势,使学校可以展开远距离教学。1920年以后,广播教育也开始兴起,如马可尼剑佛电台教育节目的播出、美国俄亥俄广播学校的成立等。

电话作为一种听觉媒体,在教学中也占据了一席之地。与传统正规的教学相比,电话辅助语言教学开始凸显出优势:学生可以通过电话来获取帮助或者反馈信息,教师也可以通过电话对学生进行测评。而讲词提示装置(Teleprompter)的出现,大大地增强了电话辅助外语教学的功能。它由两台电话机和一个电子控制播放器构成,这种改良后的电话装置能为教师和学生创造更加真实的交谈环境。

2. 视听媒体

所谓视听媒体,是指发出的信息主要对人的视觉、听觉器官产生作用的媒体。19世纪末,受夸美纽斯(Comenius)直观教学理论的影响,有学者开始探索幻灯片在外语教学中的使用。1906年,美国宾夕法尼亚州的Key Stone View Company公司出版了《视觉教学》一书,向教师详细介绍了如何摄制照片、如何制作幻灯片和如何在教学中使用幻灯片等。

1920年,无声电影被应用到外语教学领域中,一些电影短片被分配给学校使用。1929年,有声电影被应用到外语教学中。随着无线电技术的发展,有声幻灯片、无线电播音也开始出现在学校教学中。

随着有声电影的发展,视听媒体教学资源和内容愈加丰富,电视、电影等在外语教学中的应用也更为频繁。

3. 语言实验室

1939年,美国一些高校开始使用磁带式录音机辅助教学。之后,以录音机作为主要设备的语言实验室诞生,并在外语教学中广泛应用。20世纪五十年代,听说教学法被广泛应用,这时的语言实验室也进入了黄金时期。

1964年,著名学者安德森(Anderson)指出,语言实验室的主要目的是为学习者提供一种学习经验,使学习者能够毫不迟疑地自动输出口语内容。1965年,洛奇(Lorge)认为,语言实验室就是针对外语课堂而发明的,其对于外语教学而言意义重大。洛奇还指出,在语言实验室中,为了提高学习效果,模仿式的练习可以根据需要进行录制、删除和评价。

但是,随着语言实验室的蓬勃发展,有学者对它提出了质疑。1963年,学者基庭（Keating）认为语言实验室的建设耗费非常大。基庭的研究发现没有使用语言实验室的学生的成绩要明显好于使用语言实验室的学生的成绩。基庭的研究受到了很多学者的批评。而洛奇的实验证明，语言实验室应用于外语教学是具有积极作用的。他比较了三个年级的法语班学生运用语言实验室后的教学效果，比较的变量包括：朗读法语报纸中的短文时发音和语调是否正确；用法语回答问题是否流利，语法结构是否正确；对慢速和快速口语材料的理解程度；做词汇、语法和阅读题时语言基础知识是否掌握牢固。比较的结果表明：一年级学生法语较流利；二年级学生法语流利程度较高，语音语调也较好；三年级学生理解慢速和快速听力材料的能力较好。直到20世纪七十年代，语言实验室仍然受到很多学者的推崇。

（二）20世纪六七十年代的计算机辅助语言学习

随着计算机的问世，人类进入现代信息时代，计算机开始应用于语言教学。20世纪五十年代，计算机开始使用晶体管，其体积逐渐缩小，运算速度却大幅提升。20世纪五十年代末，第一个计算机辅助语言学习（Computer-Assisted Language Learning，CALL）程序出现了；同时，以心理学家斯金纳（Skinner）为代表的行为主义理论也在该领域盛行起来。

20世纪五十年代是计算机应用于语言教学实践的开拓时期，而20世纪六七十年代是以计算机为核心的信息技术的发展时期，很多教学研究者、语言学家等开始使用计算机，这也为计算机辅助语言教学的改革奠定了基础。因此，20世纪六七十年代也是"互联网+"技术应用于语言教学的重要阶段。

1. 斯坦福计划

斯坦福大学是最早开展计算机辅助教育的大学之一。20世纪六十年代，美国斯坦福大学社会科学系数学研究学院开发了计算机辅助教学的项目。最初，这一项目是与IBM公司合作研发的，而后获得了美国联邦政府的帮助。其中的外语词汇学习研究对于CALL的设计有着极大的启发作用，因为其理论是建立在数学学习理论上的，而不是建立在外语教学操练上的。1967年，理查德（Richard）等成立了计算机课程公司。同年，理查德等研发了一套一年级至六年级的计算机辅助教学程序（简称CAI程序），并使用这一程序对成千上万的学生进行测试，然后探究其学习效果。

在斯坦福大学这项用计算机辅助教学的研究计划中，斯拉夫语系的教师梵（Van Campen）主要负责CAI的子项目。在早期的研究中，梵从俄语计算机教学入门课程入手，将大部分的教学资料储存在计算机里，虽然这一练习方式与传统的俄语教学类似，但是其学习资料是以程序的形式呈现的，且具备补课程序和保存学生学习成绩的功能,这明显优于传统的俄语教学。另外,梵还分析了计算机控制程序和学习者控制程序,前者由计算机控制学生的学习顺序和学习难度,而后者由学习者控制学习决策。根据梵的研究,计算机控制程序要比学习者控制程序有效得多。这一研究成果为以后的个别化教学模式开辟了道路。

在这些课程的开发过程中,斯坦福的硬件设备也在逐步改善,电话被双语可视的播放系统取代,录音机被计算机生成的听力系统取代。

2. PLATO 系统

1960 年,美国伊利诺伊州立大学开发了 PLATO(Programmed Logic for Automatic Teaching Operations)系统,这一系统主要是帮助各大学使用计算机辅助外语课程的教学。PLATO 系统对于计算机辅助教学有着深远的影响。它的教学功能包括:给学生提供大量的学习包,提供注释文件式的交际系统,从而支持师生间与生生间的交流与合作。科庭(Curtin)是第一位使用 PLATO 系统进行语言教学的教师,他主要教授将俄语翻译成英语的笔译课。科庭通过研究发现,使用计算机辅助学习会给学生带来视觉刺激,从而使学生作出高频率的反应,让学生能更专注于听课和学习。

随着 PLATO 系统的发展,到 20 世纪六十年代末,它已经具备了良好的互动性能,比如教师可以根据教学需要,在系统终端设计和制作各种图形,还可使用罗马字体之外的其他字体来演示教学内容,使教学内容更加个性化和多样化。20 世纪七十年代,开发者又对 PLATO 系统进行了重大的优化升级,其覆盖的语言教学领域也逐渐扩大,但其教学内容仍以训练和练习为主。PLATO 在设计语言学习资料和练习时,并非提供抽象的教学理论,而是充分考虑了语言学习的实践性和不同语言的特点。

3. Dartmouth 系统

20 世纪六十年代,Dartmouth 学院开发了 Dartmouth 系统,向使用者提供支持互动的计算机系统,该系统中的计算机反应速度很快,可满足其与使用者之间的即时互动,尤其是当时 Dartmouth 学院专为新手设计的 BASIC 程序,对于后来计算机系统的发展有着极其深远的影响。

Dartmouth 系统具有非常先进的改错功能,能准确地识别出学生答案中的错误,帮助学生及时发现并纠正错误,从而使他们能在练习时更专注于测试的内容。因此,Dartmouth 系统将先进的互动硬件与便利的软件资源相结合,这有助于设计者更好地考虑学生真实的学习需求和要达到的学习效果。

4. TICCIT 系统

1971年10月，MITRE公司向美国国家科学基金会提交了开发TICCIT系统的申请，基于得克萨斯大学和杨百翰大学现有的资源传输系统，进行全新全面的教学程序设计，便于向两所大学输送完整的英语语法、写作、几何课程等内容。这一项目在硬件、软件、课件、辅助资料等方面的成功研发，使其成了CALL发展史上的一座里程碑。

1974年，TICCIT系统的课件在凤凰学院和弗吉尼亚大学投入使用。这一时期，TICCIT系统的研究者又开发了录像光盘技术，实现了CALL发展历史上的另一创新和飞跃。

利维(Levy)认为，TICCIT是第一个真正意义上以教学理论为开发依据的多媒体系统，其核心理念在于学习者控制性能。它设计了一些特殊的按键，由学习者自主控制学习内容和学习策略。这些不同功能的按键上有"例句""规则""练习""目标"等标注，学生根据标注和自己的学习情况自主选择学习内容和学习策略。

(三) 20世纪八九十年代的CALL

随着语言学理论的发展，20世纪八九十年代，CALL也得到了前所未有的发展，新的程序和性能加速了其在语言教学中的运用和推广。

1. 交际机助时期

20世纪八十年代，随着认知科学与语言学理论的发展，行为主义时期的CALL模式由于缺乏交际功能，引起了很多学者的质疑。这一时期，乔姆斯基的理论开始在语言学界盛行。在1984年和1986年，《语言学习中的计算机》(Computers in Language Learning)与《外语教学中的计算机：从课堂的角度看》(Computer in English Teaching: A View from the Classroom)两本专著的出现，标志着CALL开始朝任务教学与交际功能的方向发展。

1989年，安德伍德(Underwood)在研究CALL的发展史时指出，交际教学性能的CALL设计应考虑以下前提条件：语言教学不是显性的，而是隐性的；语言教学强调的不应是语言形式本身，而是语言形式的运用；学生不仅要会使用预先规定的语法，还要能够创造语法；应避免直接指出学生的错误，而应该灵活作出反应；避免使用各种手段对学生的表现进行评价；尽量使用目标语教学，让学生可以感受目标语的学习环境。

这些前提条件与克拉申(Krashen)提出的"创造语言学习习得环境条件"理念相一致。安德伍德的创造交际式CALL的核心在于：采用人工智能技术，对学习者输入的内容进行识别,并做出反应,以便创造人与计算机之间有意义的对话环境。此外,安德伍德还对基于合作学习的程序设计等提供了构想。

自此之后,CALL 的研究者在设计语言教学课件时,开始考虑学习任务的交际功能和学生自主的体现。虽然交际功能的 CALL 研究超越了程序教学的 CALL,但前者仍受到了诸多批评,因为其未实现真正意义上的交际功能。个别学者甚至认为,CALL 已经失去了发展的潜力。随着人们对交际教学法的质疑,分离式的技能教学或结构教学已经很难满足当前语言学习的需要,因此综合式的教学方式开始进入人们的视野。

2. 综合机助时期

20 世纪八十年代末至九十年代初,外语教学的重心开始由"交际教学的认知观"转向"社会认知环境对学习的影响"。社会认知理论强调语言在真实社会环境中的运用。在此期间,项目教学、任务教学、专业内容教学等开始兴起,人们都在努力寻求与真实环境的结合。综合机助时期的目标是用计算机辅助听力、口语、阅读、写作技能教学,并将计算机技术运用于语言教学的全过程。这一时期,多媒体技术被视为 CALL 最重要的技术之一,它以计算机为核心,将语言处理技术、视听处理技术、图像处理技术融为一体,并将语言符号、图像符号转变成数字信号,由计算机进行储存、编辑、加工、控制、检索、查询等。

早期的综合机助教学的特点是:对不同媒体间呈现信息的方式进行分析和探究。佩德森(Pederson)认为,计算机能够帮助学习者有效完成某些特殊的学习任务,而这些任务在其他的学习环境中几乎不可能完成。佩德森对"软件内容"和"使用这一软件呈现内容"进行了区分,即呈现内容的不同方式代表了不同的解码选择,如声音、色彩、反馈、图片、控制、分析等,这些解码选择可能是促进学习者学习的重要因素。为了增强评价解码的有效性,佩德森还对解码的使用途径进行了分析和调查,比如通过计算机可以监测学习者在回答问题时是否反复检查和阅读文章,以研究不同学习习惯对学习成效的影响。研究发现,未重复检查和反复阅读的学习者,明显比反复检查阅读的学习者能回忆出更多的阅读内容。

普拉斯(Plass)等人也分析了多媒体注释能否提升阅读效果的问题。测试结果表明,关注多媒体注释的学习者比未能关注多媒体注释的学习者能够得到更高的分数。因此,普拉斯等人认为多媒体注释能够使学习者接触大量的词汇,有效提高他们的词汇量。

20 世纪八十年代中期,随着计算机硬盘空间的逐步增大,CD-ROM 和光盘在市场上大量出现,多媒体技术更加广泛地应用于外语教学。超媒体的出现使多媒体拥有了更强大的功能。这也意味着多媒体资源可以相互连接,学习者只要按动鼠标就可以寻找自己需要的路径,并在该路径上"航行"。马克·沃沙尔(Mark

Warschauer)指出,超媒体具有以下四大优势:第一,它将音频和视频连接起来,使学习环境更加真实。第二,活动设计能便捷地将听、说、读、写各项语言技能结合起来,仅一个学习活动就能综合提升各项语言技能。第三,学习者有更大的自主学习控制权。他们不仅可以按照自己的进度学习,还可以在自己的程序路径上进行前进和后退的操作,以选择需要的学习内容和次数。第四,它支持内容的学习,但又不需要牺牲语言的形式。

美国西北大学学习科学研究所研发的 Dustin 程序,是用于语言学习的超媒体系统。这一程序可以模拟一些真实的语言学习环境。例如,它可以模拟某一学生到达加拿大某机场后入关、乘坐交通工具、入住酒店等情景的全过程。虽然超媒体具有明显的优势,但因其智能化还存在不足,无法实现真正意义上的交际互动,因此这一程序对外语教学的核心理念未产生根本性的影响。

3. 智能 CALL

20 世纪八十年代以来,早期微型计算机在外语教学中的运用确实存在某些局限性,但人工智能计算机的出现,则使计算机融合外语教学成为一大趋势。人工智能计算机集认知科学、计算机科学、语言学等于一身,逐渐具备了人的某些智能行为,这就是智能 CALL。20 世纪八十年代后期,在 CALL 领域,人工智能程序中的自然语言处理系统已经可以实现安德伍德的设想,即人与机器之间可实现智能交流与互动。1984 年,希金斯(Higgins)和约翰斯(Johns)在语法教学中使用了智能型的"语法园地"学习系统,这一系统创造的语篇可以使学习者通过回答、提问等形式达到学习的目的。

20 世纪九十年代初,智能 CALL 有了一定程度的发展,一些研究成果也相继问世。1993 年,永田(Nagata)指出,传统的 CALL 程序仅仅使用简单的模式与技术匹配,以比较学习者的答案与计算机存储的答案为主;但智能 CALL 具有自然语言处理功能,能够对学习者的答案进行分析,并将这些答案与目标语的语法规则进行比对,从而识别学习者答案中的问题和错误。

但是智能 CALL 也具有一些局限性。首先,智能计算机还不能使用自然语言与学习者进行对话,一定程度上限制了学习者对话能力的提升。其次,覆盖模型要求学习者的思维模式与专家的思维模式相一致,但是这并不符合语言习得的实际,缺乏合理性。最后,智能 CALL 的研究需要大量的人力、物力及较长的周期,这些制约了智能 CALL 的发展。

4. 外语教学中的 CMC

20 世纪九十年代以后,随着计算机的发展及国际互联网的普及,CALL 的教学活动已经不再局限于课堂中计算机与学习者的互动,而是扩展到可以与世界上任何地方的学习者进行互动与交流。外语教学中的CMC（Computer-Mediated Communication）应运而生。一般认为，CMC是一种通过计算机与网络进行的交流，其目的主要是完成任务与实现交往。CMC的交流方式可能是同步的，也可能是异步的。同步交流如利用Moos系统进行在线聊天，异步交流如通过电子邮件或BBS（网络论坛）等进行交流。

CMC的最大优点在于教学活动是在匿名环境中进行的，这样的环境有助于营造更加公平的氛围。由于CMC过滤了文字符号以外的社交和情感暗示，使人们处于虚拟的环境中，学习者可以按自己的方式来思考，并以自主的身份与他人进行思想和情感的交流，而CMC应用于教学的目的就是帮助学习者挖掘他们独立思考问题的潜能，并使其能够自主地进行思想交流。

1995年，科恩（Kem）提出，传统的CALL过分强调个别化指导、学习者与机器的交流，却严重忽视了以计算机为媒介的人与人之间的互动与交流。他分析了面对面课堂与电子课堂的差异，并从差异中总结出如下特点：电子教学环境中的同步写作可以很好地缓解学生在面对面交流中的紧张情绪；电子交流是一种新的交流形式，能弥补面对面交流中缺少的诗意和副语言特征；电子交流中"拐弯抹角"式的讨论能更好地体现CMC交流"有意义协商"的特征。

此外，科恩还提出了一个假设，即同步交流比异步交流能给学习者创造更多的参与机会、同伴合作机会，从而提高学习者的学习动力，产出更多的语言，也有更充足的时间对语言进行斟酌和润色，从而提升学习效果。

但是，一些学者对CMC还存在质疑，如一些学者认为CMC不能像面对面课堂那样即时传递学习任务等。另外，在CMC的虚拟环境中，社会准则对人的约束力也在逐渐减弱，致使在CMC交流中出现很多不规范的行为。同时，在CMC交流中，学习者的注意力集中于文字、图像，这种简化的社交信号使人与人之间的交流丧失了情感因素，因此也会降低协作性与自我规约意识，这些都不利于形成友好的人际关系。如果语言学习离开了社会情感因素，那么这必然会对学习者的社会交际能力产生影响。因此，对CMC与外语教学进行调整是CMC的发展趋势。

(四) 20世纪九十年代后的万维网

1990年10月，欧洲量子物理实验室的研究者提出了建设超文本项目的提案，这一项目的主要研究成果是万维网（World Wide Web）的雏形。次年，万维网在CERN（欧洲核子研究中心）启动，它是因特网上基于HTML这一超文本形式的信息服务系统。1993年，第一届国际万维网大会的召开及国际万维网会议委员会在波士顿的成立都推动着万维网的发展。

万维网环境应用于外语教学始于20世纪九十年代早期。与传统的CALL环境相比,万维网环境的信息资源更具便捷性、多样性、时效性、共享性、丰富性、交互性,且这些资源可以快速链接到专业学习网站,因此它备受使用者的欢迎和专家学者的关注。万维网辅助外语教学的网站有 Italia 2000 网站、German for Beginners 网站、以 WebCT 为课程模板的网站、Global English 网站等。它对外语教学的影响主要有以下九个方面。

第一,万维网上最早的语言学习资料是以课本形式呈现的,但其练习资料并没有设置固定的结构去引导缺乏专业经验和知识基础的使用者。当前的万维网对这一现状进行了改善。

第二,语言虚拟课堂可以为学习者提供更多可供选择的课件,学习者使用这些课件选择自己所需要的学习内容。这一虚拟课堂趋于付费形式,使用时需要输入密码。

第三,万维网上的大部分语法练习都是结构课程的形式,这些练习大部分使用的是完形填空形式,另一些使用的是多项选择形式。

第四,当前,万维网已经逐渐形成了现成模板,可以直接用来制作学习游戏和网上小测验。

第五,随着万维网语言教学的发展,学习活动开始从基于任务的学习活动转向要求学生详细说明所经历的探索和查询过程。

第六,万维网发展最快的领域之一是资源的集合。当前,几乎每一个网站都能够大量地链接一种或者多种语言网站。

第七,虚拟链接能够使学习者更加快捷地进入真实的语言环境,在线讨论界面也非常便利。

第八,基于万维网的合作学习系统能最大程度地体现出合作学习的优点,这是计算机支持合作学习的重大发展。

第九,万维网环境中的外语教师的职业发展需求也在不断变化,万维网网站为教师提供了各种满足职业发展需求的环境。

综上所述,万维网环境对外语教学有着重要的影响,也引导着网络时代外语教学的发展。但是,如何充分利用万维网的优势来辅助外语教学,是 21 世纪"互联网+"技术与外语教学整合的一大课题,这也将推动"互联网+"技术的发展。

(五) 20 世纪末和 21 世纪初的"互联网+教育"

传统的外语教学模式是学校面授教学,其最显著的特点在于以课堂、教师、教材为中心,教师在讲台上将知识传授给学生。随着科技的发展,外语教育的信息化程度逐渐加深。早在 1996 年,清华大学的王大中校长就提出了发展现代远程教育的想法,清华大学于 1998 年推出了网上研究生进修课程。1998 年,教育部也在一些重点院校进行了远程教育试点。通过这种推广,广大外语学习者也有机会享受到更优质的学习资源。

之后,为了更好地推进外语教育创新,深化外语教学改革,促进现代技术在外语教学中的运用,教育部于2003年启动精品课程建设,提倡培养学生的自主学习精神,增加高校外语教学投入,构建精品课程体系。这些精品课程往往要求教师队伍、教学内容、教学方法、教材、教学管理等均保证一流水平,为学生提供便捷高效和形式多样的学习平台。

2008年,互联网与教育的结合使全新的开放式课程模式(即慕课)出现了。这一课程模式受到了众多学者的关注,而且将互联网与教育的结合推向了一个全新的高度,被认为是网络与外语教学结合的新革命。

如今,新媒体这一新型传播形态也进入了人们的视野,它运用网络技术、数字技术等,通过宽带局域网、互联网、卫星、无线通信网等手段向用户提供信息。严格来说,新媒体应该被视为一种数字化媒体,也必然会给外语教学带来前所未有的理念和创新。

从互联网教育行业的元年(即2013年)以来,"互联网+教育"经历了萌芽期、发展期、成熟期,由最初的教育创新理念逐渐成长为影响国家发展的战略性新兴产业。互联网、大数据、人工智能等新兴技术与教育教学的融合,正在驱动一场新的教育变革。

二、"互联网+"的内涵和特征

2014年11月,李克强出席首届世界互联网大会时指出,互联网是"大众创业、万众创新"的新工具。其中,"大众创业、万众创新"成为《2015年国务院政府工作报告》中的重要主题,被称为中国经济提质增效升级的"新引擎",其重要作用不言而喻。

2015年3月,在全国两会上,全国人大代表马化腾提交了《关于以"互联网+"为驱动,推进我国经济社会创新发展的建议》的议案,对经济社会的创新提出了建议和看法。他呼吁,我们需要持续以"互联网+"为驱动,鼓励产业创新、促进跨界融合、惠及社会民生,推动我国经济和社会的创新发展。马化腾表示,"互联网+"是指利用互联网的平台、信息通信技术把互联网和包括传统行业在内的各行各业结合起来,从而在新领域创造一种新生态。马化腾希望这种生态战略能够被国家采纳,成为国家战略。在此次会议上,李克强也在政府工作报告中首次提出"互联网+"行动计划,并指出:"制定'互联网+'行动计划,推动移动互联网、云计算、大数据、物联网等与现代制造业结合,促进电子商务、工业互联网和互联网金融的健康发展,引导互联网企业拓展国际市场。"

"互联网+"的本质特征是跨界、变革、开放、融合,其本质内涵是通过互联网与各个行业的跨界与融合形成全新的价值或新的商业模式,使新模式的价值远远超过传统单一的产业。因此,"互联网+"就是"互联网+各个传统行业"。在"互联网+"环境下,利用信息通信技术和互联网平台,使互联网与传统行业深度融合,以实现产业的创新发展。

"互联网+"具有以下六大特征。

一是跨界融合。所谓"+",本身就意味着跨界、变革和重塑融合,通过跨界实现创新,通过融合实现群体智能。

二是创新驱动。我国的发展必须由资源驱动型增长转变为创新驱动发展。这也正是互联网的特质,用互联网思维进行自我革命,最大化地发挥创新的力量。

三是重塑结构。信息革命、全球化、互联网已经打破了原有的社会结构、经济结构、地域结构、文化结构。

四是尊重人性。人性是推动科技进步、经济增长、社会进步、文化繁荣的最根本的力量,互联网的强大力量实质上来源于对人性最大程度的尊重、对人的体验的敬畏以及对人的创造性的重视。

五是开放生态。生态是"互联网+"非常重要的特征,而生态本身就是开放的。推进"互联网+",摒弃过去制约创新的环节,将原本孤岛式的创新连接起来,交由市场来驱动和研发。

六是连接一切。连接是有层次的,但连接性和连接的价值却各不相同,连接一切则是"互联网+"的宗旨和目标。

第二章 "互联网+教育"的可行性与划时代意义

一、"互联网+教育"的可行性

"互联网+"的本质就是一种平台、一种工具,即一种包含海量信息的平台并能进行信息高速传输的工具,但这种平台和工具是革命性的。

教育是一种顺其自然的活动,旨在将自然人所固有的或潜在的素质由内而外地激发出来,成为现实的发展状态。如果仅仅把互联网作为一种教育的工具,也谈不上"互联网+教育"。要想实现互联网与教育的融合,必须让两者发生化学反应,抓住"创新"这一关键点,才能充分发挥"互联网+"的作用。

从发展的观点来看,"互联网+教育"的理念具有划时代性和必要性,也符合目前的客观现实,但是如何把这种理念转化为生产力,使"互联网+教育"实现真正意义上的教学变革,则是我们要进行的教学研究、思考和探索。很显然,"互联网+教育"并未颠覆传统教育,而是将教育与科学技术理性结合起来,优化和革新传统教育,为传统教育注入新的生命和活力。那么,要实施"互联网+教育"教学,需要具备哪些条件呢?

一是高度开放、传输便捷的互联网。开放便捷的网络是开展互联网教育的物质基础。在我国的大城市,网络基本实现了全覆盖,为开展互联网教学提供了有利条件。近年来,我国加快农村地区的信息化普及,在建设数字化教室、优化教育资源、推广在线教育和建立智能化教育管理系统方面,取得了长足的进步。

二是知识结构合理的教学团队。教学团队是实施教学的根本所在,无论何时,一所学校教学工作的圆满实施,仅仅靠一位教师是无法完成的,要想培养符合新时代要求的高素质人才,学校需要成立科学分工、结构合理的教学团队。

三是广博的资源与个性发展的平台。当前,互联网拥有广博的资源与发展平台,但针对具体的专业或者学生的兴趣方向需要进一步细化或者教师的引导。这就需要教师因材施教,根据学科性质、学生的学情基础、兴趣爱好、学习特点和课程要求,从海量的资源中甄选出最有利于学生成长和发展的学习平台和知识内容。

四是人才培养与社会需求的互联网平台。互联网上关于人才培养和社会需求的平台并不少见,但随着时代的进步和社会的发展,教师应整合和更新学习平台和资源,还应根据当地经济的发展、学校的实际情况和教师的现有资源等,建立人才培养与社会需求的互联网平台。

具备了以上四个条件,"互联网+教育"就会水到渠成,进而可以发展适合"互联网+教育"的资源体系、方法体系、评价体系等。

二、"互联网+教育"的划时代意义

提出"互联网+"的目的、初衷或关键应该是创新,脱离创新的思维来谈"互联网+教育",知识就会变成简单的叠加。熊彼特(Schumpeter)在其著作中提出:"创新是指把一种新的生产要素和生产条件的'新结合'引入生产体系。它包括五种情况:引入一种新产品,引入一种新的生产方法,开拓一个新的市场,获得原材料或半成品的一种新的供应来源,实现一种新的工业组织形式。"通过互联网,我们可以变得博学,也可以专攻;可以了解已有的发展历程,也可以为创新找到支撑。互联网上有正能量的精华,也有负能量的糟粕;有整个社会的发展,也有某个专业的进步;其具备发展的过程,又能快速更新满足发展的可持续性要求等。就目前互联网的发展来看,不管是其作为一种新产品,还是作为一种新的生产条件都能与教育相结合,当然也是创新的。这样我们提出"互联网+教育"就有了深远的意义。

"互联网+教育",即数字化教育,是实现我国教育现代化、多元化、终身化的重要途径,也是推动我国教育改革的重要举措。2022年10月,习近平总书记在党的二十大报告中指出,教育数字化是数字中国战略的重要组成部分,并首次将"推进教育数字化"写进党代会报告,以推动教育数字转型与融合创新。

第三章 "互联网+"给我国高等教育带来的机遇与挑战

一、"互联网+"给我国高等教育带来的机遇

随着工业社会向信息社会过渡与转型,国际化和信息化已经成为高等教育发展的必然趋势。尤其是"互联网+"时代的到来,以及近几年公开在线课程的广泛兴起,正在引发世界范围内高等教育格局的竞争与变革。在这种背景下,我国高等教育的发展方式正在全面转型,而这种转型给我国高等教育带来了更多的机遇。

1. "互联网+"使教育从封闭走向开放

在全球开放的时代下,任何国家、任何年龄的人都可以通过网络接触到最优质的教育资源,从全球化的知识库中获取自己所需要的学习资源。

在我国,不同地区、不同学校的教育资源存在较大的差距,而"互联网+"正以前所未有的力量推动着教育从封闭走向开放。首先,"互联网+"打破了时间和空间的限制。传统教育往往局限于固定的教室和特定的授课时间,而互联网的出现让学习不再受此束缚。学生可以通过网络随时随地获取丰富的学习资源,无论是在清晨还是在深夜,无论是在家中还是在旅途中,只要有网络,知识的大门就向他们敞开。其次,"互联网+"丰富了教育资源。网络上汇聚了来自世界各地的优质教育课程、教材和教学经验。学生不再仅仅依赖于本地的教师和教材,而能够接触到全球范围内的前沿知识和多元文化。最后,"互联网+"促进了教育的交流与合作。在线教育平台让不同地区的学生和教师能够便捷地交流互动,共同探讨问题,分享见解。这种跨地域的交流合作,有助于激发学生的创新思维,培养学生的团队协作精神和全球视野。此外,"互联网+"还推动了个性化学习的发展。借助大数据和人工智能技术,教育平台可以根据学生的特点和学习情况,为其制订学习计划

和课程内容,满足不同学生的学习需求,真正实现因材施教。以网易云课堂为例,它提供了丰富多样的课程,涵盖了从职业技能培训到兴趣爱好培养等多个领域。它通过与众多知名教育机构和专家合作,为用户提供高质量的在线学习内容。用户可以根据自己的需求和兴趣选择课程,自主安排学习时间和进度。网易云课堂凭借其优质的课程资源和良好的用户体验,吸引了大量的用户,帮助他们提升了自身的能力和素质。

总之,"互联网+"以其强大的连接和整合能力,让教育摆脱了封闭的模式,走向了更加开放、多元和个性化的未来。

2. "互联网+"改变了高等教育的教学模式并提高了教育的自我净化能力

"互联网+"以其独特的优势,为高等教育的教学模式带来了创新,有力地推动了我国教育的自我净化。

在教学模式方面,"互联网+"促进了线上教学的蓬勃发展。通过网络平台,学生可以远程参与课程,打破了地域的限制,让更多的人有机会接受优质的高等教育。线上教学还支持录播和回放功能,学生能够根据自己的能力和需求反复学习,增强了他们的学习自主性。同时,"互联网+"催生了混合式教学模式,即将线上教学与线下课堂相结合,教师可以根据课程内容和学生特点灵活选择教学方式,以提升教学效果。"互联网+"丰富了教学资源的获取渠道。高校可以与其他学校、企业等合作,共享优质的课程资源,学生能够接触到更广泛、更前沿的知识。例如,由清华大学发起的在线教育平台"学堂在线",汇聚了国内外一流高校的优质课程。它不仅为在校学生提供了拓展学习的机会,还为社会人士提供了接受高等教育的途径。它通过大规模开放在线课程(MOOC)的形式,推动了优质教育资源的共享。

在提高教育的自我净化能力方面,"互联网+"使教育数据的收集和分析变得更加便捷和精准。通过对学生学习行为、学习成果等数据的分析,教育者能够及时发现教学中存在的问题和不足,从而有针对性地改进教学方法和课程设计。"互联网+"促进了教育界的交流与合作。教师们可以通过网络平台分享教学经验和研究成果,共同探索教育创新的路径。

另外,"互联网+"还能快速响应社会需求的变化。随着行业的发展和新兴领域的出现,高校能够借助互联网及时调整专业设置和课程内容,培养适应社会需求的人才。

二、"互联网+"给我国高等教育带来的挑战

二十一世纪以来,互联网的普及和广泛应用促进了人们学习方式、方法和习惯

的改变。《2015年国务院政府工作报告》明确提出"建设世界一流大学和一流学科",这是继《2011年国务院政府工作报告》中提出要"加快建设一批世界一流大学"之后,又一次提出这一目标。因此,在这之后的相当长的一段时间里,我国高等教育的目标之一就是建设世界一流大学和世界一流学科。然而,如何实现这一目标呢?加利福尼亚大学伯克利分校原校长田长霖认为,世界一流大学的重要标志是要有世界一流的科研成果,但不能只看论文发表的数量,最重要的是要在某一个领域真正达到世界一流水平。由此可见,随着"互联网+"时代的到来,我国的高等教育必将面对新的挑战。

1. "互联网+"使我国高等教育面临市场化的冲击

长期以来,大学一直被认为是知识和学习的中心。其间,科技手段带来了巨大的社会变革。新技术也使教育市场发生了变化,大规模公开在线课程开始备受人们关注。2011年夏天,斯坦福大学计算机科学教授塞巴斯蒂安·特龙(Sebastian Thrun)宣布在网上免费公开自己的秋季课程,并附上课后练习题和随堂小测验,这种新型的课程资源吸引了大量的学习者。社会公众认为,大规模的公开在线课程不仅能充分利用有限的教师资源来教授大量的课程,达到教学成果最大化的目的,还可以降低人们求学的经济成本,缓解学者在大学教育里面临的经济压力。虽然这种在线课程让更多人"走进了"课堂,但它依然饱受争议。哥伦比亚大学教授安德鲁·德尔班科(Andrew Delbanco)坚称:"传统课堂上的教学体验是在线课程无法替代的。"另外,他告诉记者,在线课程会催生教育界的超级巨星。例如,哈佛大学政治哲学领域教授迈克尔·桑德尔(Michael Sandel)因在网上公开了自己的演讲而声名大噪,随即拥有了数量庞大的追随者。然而,这却给那些没有名气的教授带来了压力,使他们很难在教学中获得安全感。安德鲁·德尔班科对记者表示,如今真正需要思考的是,有多少人能从在线课程中获得真才实学?关于学生是谁、学生的具体问题是什么、怎样有针对性地解决学生的困惑等问题,都需要教师与学生进行面对面的交流来寻找答案。

伴随着诸多的争议和质疑,各种互联网课程仍层出不穷。它们既包括营利性大学、可汗学院等非营利性学习组织、系列讲座的提供商、iTunesU等网络课程在线服务机构,还包括为特定行业和职业提供指导和认证服务的大批专业培训中心,这对传统的大学教育构成了不小的冲击和挑战。

2. "互联网+"使普通高校面临生源的挑战

互联网将最优质的课程以一种近乎免费的方式提供给广大学生。2010年,在海地地震之后成立的"人民大学"就是互联网高等教育机构的雏形。在这所学校,学生能够免费或者缴纳数额极低的学费进行学习,从而获得学分。之后,随着互联网的发展,互联网教学内容和形式也变得日益丰富和灵活。由于互联网课程提供了海量优质的教学资源,给予学生更多自主学习的机会。许多学生倾向于选择较好的学校就读不喜欢的专业,然后通过线上学习等方式学习自己感兴趣的课程。这势必会使普通高校面临严重的优质生源危机。

3."互联网+"使大学生受到学习碎片化的影响

祝智庭认为,学习碎片化起源于信息碎片化,进而带来知识碎片化、时间碎片化、空间碎片化、媒体碎片化、关系碎片化等问题。但大部分碎片化知识和信息内容空虚、缺乏价值甚至是毫无价值,而学生对于这类信息常常不加甄别就全盘接受,从而导致思维活动减少,长此以往,将极大地影响他们的深度思考能力。正是因为互联网下的教育与各行各业的知识在不断融合,知识不断更新和拓展,知识的复杂度也增加,信息量以指数级增长,且呈现出碎片化的趋势,可用的资源虽然丰富却也鱼龙混杂。在互联网时代,学生需要对接收的知识信息进行自主加工处理,甄别良莠,而这对于学习能力不强、信息加工处理能力不足的学生来说是一个巨大的挑战。

第四章 高职英语教育教学概况

一、高职英语专业教育现状

(一) 高职英语专业设置的特点

高等职业技术教育,简称高职教育,是我国高等教育的重要组成部分,它与普通高等教育一同构成我国高等教育的两支大军。高职教育旨在培养具有必要的理论知识和较强的实践能力、在生产服务和管理第一线从事实际工作的高级技术型人才。这类人才应具备较强的社会适应能力、宽广的知识面、全面的职业技能、一定的创造性、实施任务的工作能力、较强的应用和发展能力、积极的职业态度等素质特点。因此,要保证高职学生具备良好素质,正确的专业设置必不可少。

我国高等教育的专业是按学科分类和职业岗位(群)来设置的,它反映了社会对人才的需要。高职英语专业设置主要遵循以下基本原则:一是满足社会主义现代化建设的人才需要;二是适应科学技术发展的趋势;三是符合人才培养的规律。而作为高等教育重要组成部分的高职教育,无疑也应该遵循这三个基本原则。但是,高职教育作为高等教育中独具特色的部分,在专业设置方面,它也应有自己的独特属性,必须根据自身特点去探索新的途径。以往普通高等院校主要依据学科体系来设置专业,这与它们培养理论型、研究型人才的教学目标是相契合的。也就是说,它们都根据"学科理论知识体系"这个坐标轴(部分专业加上"职业分工"一个坐标轴)来设置专业,基本呈现"线性设计"或"平面设计"的态势。而高职教育主要面向生产、服务和管理第一线,培养应用型、复合型技术人才和管理人才。这类人才与一定地区的市场、职业、技术等方面有更直接、紧密的联系。因此,高等职业教育的专业应从市场、职业、技术三个坐标轴来考虑设置,即用一种立体交叉的思维或视角来研究高职专业的设置。

从众多高职院校近年来的专业设置来看,它们的基本思路可概括为:以市场需求为导向、以职业岗位(群)为依据、以技术含量为参数来综合研究专业设置。以市场需求为导向,就是说市场需要什么样的职业技术人才,就要想方设法去开设相应的专业。这就是所谓的"以销定产"原则,以市场需求为导向,科学设置专业与确定课程内容。通过培养学生的动手实践能力和职业技能,缩短学生的就业适应期,使学生可以直接顶岗,从而增强高职毕业生的就业竞争力,让他们在人才市场上占据一席之地。

高职英语专业设置应具备三个特点。一是主动适应,灵活多样。高职英语教育应该面向市场,按照职业岗位(群)或技术领域的需要来设置专业,以体现它的针对性和适应性。面对这样一个动态的庞大系统,高职院校既不可能为每一种职业岗位或每一种技术分别设置相应的专业,也不可以照搬照抄普通高校的专业目录。因此,高职院校应遵循择优性、可行性和效益性等原则,按轻重缓急,分期分批地设置专业。二是宽窄并举,可宽可窄。由于科学技术的迅猛发展,出现了职业技术教育拓展专业宽度的趋势。另外,可采用"宽口径、多方向"的方式,在一个专业下设置多个专业方向,使毕业生能适应更多的职业岗位,同时又具有自己的专业特色和特长。三是交叉复合,分合有序。目前,我国许多行业的生产、管理第一线急需大批既懂理论又懂技术,或既懂操作又懂经营的复合型、智能型人才。在专业设置上,我们可以将不同的专业复合起来,如"商务+英语""旅游+英语"等,也可将专业知识和专业技能复合起来,如商务知识和单证制作结合、商务文秘和办公自动化结合等。

但在教育规模快速扩大的同时,高职教育也暴露出一些深层次的问题。部分高职院校在专业设置、专业调整等工作中出现了一些新的情况和问题,突出表现在专业设置随意性较强。除此之外,专业命名不规范的情况也很常见,如有些院校设立商务英语专业,而有些院校称其为商贸英语专业;旅游英语专业在不同的院校被称为涉外旅游、旅游管理、旅游英语等。

(二)高职英语专业的培养目标和社会意义

高等职业技术教育与普通高等教育有很多相同点,如教育层次基本相同,教育的政治取向一致,教育教学的基本原则相同,教师的基本要求相同,学校管理原则基本相同等。但是,高职教育与普通高等教育在培养目标、培养特征、专业设置、课程开发、授课方法、教学条件、师资队伍、招生制度、教育形式、管理架构等方面也存在很大的差异。其中,最突出的差异就是它们的培养目标不同。普通高等教育培养的是学术型、理论型、工程设计型等学科专业人才,而高职教育培养的是技术型、智能型、复合型等实用人才。

高职高专英语专业旨在培养具有良好的综合素质和英语听、说、读、写、译的能力、具备较丰富的英美文化知识、熟悉和掌握一定的专业基本理论和方法、适应涉外工作第一线需要的高等应用型专业人才。也就是说,高职高专英语专业要培养既具有良好的英语应用能力和英美文化知识,又具有专业知识的技术型或应用型人才。高职高专英语专业学生除了具有良好的思想道德素质和身心素质,他们的文化素质是以英语知识为基础,虽不要求他们像学术型人才一样掌握高深的理论知识,但都要求达到大学专科层次必须具备的理论知识,同时具有相应的其他专业知识,以便与一个高级的应用型、技能型人才的知识储备和国民素质相适应。

高职英语专业培养的应用型人才应该在听说方面的能力尤为突出,同时他们还具有一定的其他专业知识,如商务、旅游、交际、外贸、文秘等,从而能更快地适应工作岗位的需求。由此不难看出,高职英语专业作为普通高等英语教育外延的拓展,是一个新兴的重要类别,它与普通高校英语教育互补共存、不可或缺,其培养的应用型人才特色鲜明,与普通高校英语专业培养的学术型人才各有所长,都为社会所需要。同时,高职英语教育直接和生产、管理第一线相联系,它为社会发展服务,为经济发展服务,为中华民族在新时代的腾飞造就大批技术素质优秀的英语人才。

(三)高职英语专业与本科英语专业的区别

绝大多数的本科院校和高等职业技术院校都开设了英语专业。高职英语专业与普通高校英语专业有着密切的联系,但是它们又各具特色。

高职英语专业与本科英语专业在教学层次上存在显著差异。高职英语专业学生在入学时,认知英语单词数与高职非英语专业学生基本相同,为 2 000 词左右;而本科英语专业的学生在入学时,掌握的词汇量可高达 4 000 词以上。学习者英语基础不同,教学要求也不同。在教学任务完成时,学生在听、说、读、写、译各方面所达到的程度也大不相同。大部分本科英语专业要求学生通过全国英语专业四级和专业八级统一考试,而对高职英语专业学生没有做统一的要求。不同的高职院校对英语专业学生毕业时的英语水平有不同要求,有的学校要求通过全国统一的非英语专业四级或六级考试,有的学校要求通过全国英语能力 A 级考试,也有学校鼓励学生参加国际语言考试,如 TOEFL、IELTS 等,并设定一定的分数线以获取毕业资格。

除了教学要求不同外,高职英语专业与本科英语专业在教学目的上也大不相同。通过对国内十余所本科院校所开设的"英语专业"调研发现,它们的专业培养目标大同小异,基本上都是"培养通晓英语语言及英美国家文学、社会、历史,能在外事、文化、新闻出版、教育、科研、经贸、旅游等部门从事翻译、研究、教学、管理工作的英语高级专门人才"。由以上目标不难看出,常规的本科英语专业培养的是通用型外语人才,没有根据社会某些相对固定的岗位(群)需要而设定人才的规格,英语对于毕业生将来从事的工作来说仍然只是一门工具。在很多英语课堂教学中,教师仍然是"主角",学生只是匆匆记录,被动地接受大量知识的"配角"。学生的教学实践活动主要是社会实践和教学与翻译实习。

与之相比,高职英语专业培养的人才则将商务、外事(应用)、旅游、教育等专业与英语有机结合,专业课程的设置和社会实践活动都是有针对性地根据岗位核心能力和素质开设。

高职英语专业人才由原来的"通用型"人才变成了目前的"应用型"人才。在课程设置上,课程开发以职业综合能力为中心,以岗位(群)所必备的知识、能力和品格为依据,课程内容突出实用性、适合性和针对性。英语基础课程主要由英语、专业和综合实训三部分构成。此外,为了突出专业和英语两个强项,在课程构成上,英语课程和专业课程都占了相当大的比例,学生在这两方面达到了"了解总体、掌握基本、简单操作"的水平。高职英语专业对于学生所学知识的要求是"实用为主、够用为度";所开设的主要课程除了综合英语、英语听说、口语、听力等英语课程外,还开设了大量的专业课程和综合实训课程,如商务英语专业开设了商务英语、国际贸易实务、国际金融、商务模拟、商务文秘等专业和实训课程。在教学方法上,大部分高职院校的英语专业都注重学生英语交际技能、专业应用和业务能力的培养。在课堂上,教师除了传授知识外,还加强了课堂的互动。同时,无论是在课堂教学中还是在实训室,学生都有大量的机会开展操练和实训。除此之外,大部分高职院校还安排学生定期到企业、交易会等场所进行业务实习,以加强学生的动口、动手能力。从目前就业状况看,高职英语专业培养定位主要是涉外型或外资型公司的文员、秘书、外贸业务人员等。同时,高职英语专业学生除了获得毕业证(学历证)以外,还持有各类职业资格证书,资格证书和学历文凭并重。学生就业心态较好,社会需求旺盛,因此高职英语专业的毕业生目前就业形势良好。

从以上分析可以看出,高职英语专业和本科英语专业在某些方面有相同之处,如开设的某些课程相同,但是从培养目标、课程设置、教学方法和教学安排等多个方面来看,高职英语专业克服了传统本科英语专业课程单一的不足,为学生拓宽了知识领域和发展空间,同时针对学生的技能培养增加了大量的实训,有利于学生将所学知识融会贯通,有利于学生实践能力的提高,有利于培养基础扎实、机智灵活、求实创新的新时代复合型、应用型人才。

(四) 高职英语专业社会需求

社会人才需求决定了高职英语专业的生存和发展。在互联网上,用英语进行对话的需求越来越大。国际电话中的交谈,有85%是用英语进行的;全球四分之三的邮件、电传和电报中用的也是英语。英语更是国际商务活动中使用的通用语言。国际贸易活动的频繁,很多企业急需大批精通外语、贸易、法律的复合型谈判人才,这也是英语专业毕业生普遍看好的发展方向。从社会需求上看,许多政府部门、国际组织、外企和跨国公司以及大型国有企业与高科技公司对复合型英语人才的需求量非常大。2013年,习近平主席提出"一带一路"倡议,近年来,随着"一带一路"建设步伐的加快,参与的国家越来越多,语言互通的重要性越来越突出,对了解当地语言和文化的外语类人才需求也日益增大。

(五)高职英语教育的两个转变

威多森(Widdowson)指出,专门用途英语(English for Specific Purposes, ESP)是与(职业的)活动领域相关的,它代表了学习者的期望。教学方法之力量在于语言学习与专业学习方法的结合。因为它不仅改变了以语言学习为驱动的课程设置和零乱无章、由下而上的教学方法,而且还完成了两个重要转变:教学重点从文本作为语言目标(TALO)向文本作为信息载体(TAVI)转移;教学方法注重过程和实际结果,由早期的听说法、功能法、浸入式教学法,发展为任务型教学法。

1. TALO 与 TAVI 的差异

托尼(Tony)列出了 TALO(Text As a Linguistic Object)与 TAVI(Text As a Vehicle for Information)在选材、准备活动、文本处理、教学活动以及课外活动方面的差异,见表4-1。

表4-1 TALO教学模式与TAVI教学模式的差异

	TALO	TAVI
选材原则	旨在阐述句子结构;一般性话题;专门写的、修改的或重写的;生词受到控制;课文短且划分容易,课文由教师选定	旨在满足学生的学习需求;一定范围的原版课文;通过任务和支持划分难度;课文长短不一,从短到长;课文可由教师选定,也可由学生和其他人选定
预习	注重语言形式,尤其是语法和词汇	文本信息比词汇学习或语法分析更为重要,可唤起兴趣,树立目标
课文处理	焦点是语言和新知识;重视对细节的理解、单词和句法的掌握	焦点在意义、功能和形式词的联系;注重整体传递语言信息;通过阅读文本理解其总体意义,获取有益信息,增加自身知识储备
交际类型	教师一言堂;以教师为中心;教师问,学生答;教师评价为主	学生协同实践;以学习者为中心;加入角色转换;学生互相提问、评价;自学模式

显然,TAVI教学模式在培养学生的交际能力、完成高职英语的教育目标方面具有很大优势。成功的学习者则注重整篇大意,用猜想和快读方式学习语言和获取信息。TAVI摒弃了由下而上的旧的学习方法,取而代之的是由上而下的学习方法,即首先以整篇文本为主要信息,然后是课文结构,接着是段落,最后才触及句子和词。因为准确、迅速地吸收信息比语言细节更有意义,所以理解文本的宏观结构应先于语言研究,文本信息的整体理解和摄入至关重要。

TAVI的另一特色是突出学生的主体作用,这主要是因为学习者在学习过程中不仅能了解和增长专业知识,还能充分体验和参与专业领域有关的认知和学习过程。毕竟高职英语的教学除了英语语言本身的学习,还涉及大量反映学习者专业领域的知识、情境和活动。

2. 任务法的特点

高职英语教学与任务法有千丝万缕的联系,任务法有如下特点:以教师为主导,导兴趣,导思路,导方法,导训练;以学生为主体,充分调动学生的学习积极性;教学以语言意义为出发点,以语言训练为主线,以培养思维能力为核心;以培养"为交际"运用英语为目标;教学活动与真实世界存在直接关系;任务的焦点是解决某一交际问题;学生通过参与不同的教学任务和活动,从注重语言本身转变为注重语言习得,使语言学习的过程越来越自主化。

努南(Nunan)建议用任务法来开展课程教学,任务教学法要求学生专注于意义而非形式。他区分了教学任务和真实世界的任务,前者指正式的语言学习,如按照教师的指令画一幅画,而真实世界的任务更注重实用性,如填工作申请表,它与学生将来在生活、学习或工作中需要使用语言去做的事情相关。努南建议使用以下三种不同的任务来刺激学生进行互动。

① 信息差,如找出两幅画中不同的部分。
② 推理差,如找出一幅画的缺陷。
③ 观点差,如列出你最喜欢的部分,并说出原因。

任务法与高职英语教育相融合,可促使学生交换信息、理解思考和解决问题,发挥学生的学习积极性和主观能动性。

(六)高职英语教育的四大焦点

目前,高职英语教育关注的四大焦点有:以话题为中心;使用原版语言;满足学习需求;培养学生的英语交际能力。

1. 以话题为中心

高职英语教育主张以话题而非语法项为基准选用教学材料,使学习者更易学习,从而激发其兴趣,使学习者具有使用新的语言去交流的自信和动力。课堂实践是打破语法系统的、以话题为中心的阅读和实践活动,话题内容不再是对基于语法内容的课程的点缀和补充,而且语法学习须由话题决定,与话题相关联。

布林顿(Brinton)、斯诺(Snow)和韦舍(Wesche)建议,语言教育的目标就是为了避免人为地将专业与语言割裂的倾向。然而,这种割裂存在于许多教学环境中。这是因为长期以来一直存在一个误解——学语言等于学语法,意义只能通过翻译和第三者传达,学生必须在学习真正的专业之前流利地使用语言。许多人担心,以专业知识为重点的教学会牺牲语言技能的培养。而实践证明,在高职英语教育中,语言学习并没有被忽视,语言与专业亦是相互作用和相互促进的。

2. 使用原版语言

慎重、有效地将原版材料引入课堂,这是高职英语教育近年来的发展趋势之一。有人担心使用原版语言会给学生增加学习难度,平添畏难情绪;也有人相信,有些词汇和语法项本来就难学,所以应先学。而实际上,分级课文会给学生带来更多的困难,而人工语言课文并不能给学生提供真实的英语交际模式,它缺乏真实交际中自然的语言冗余,使学生无法感受到语言的多重暗示。因此,分级语言和人工语言很难有效地提高学生的语言理解和运用能力。

如果材料是精心挑选的,学生又有图式知识(即相关的语言、专业、文化背景知识)作为铺垫,如此,利用专业与上下文相结合的办法去理解信息,学生便会开发其他语境中未知语言的语言处理机制,最终提高英语水平。如何对课堂活动进行分级,并运用多种教学策略,也是高职英语教育的重要部分。例如,有效利用上下文,循环或螺旋式使用已有信息,利用学生的背景或图式知识,使用协作方式和教学策略等,以提升教学效果。

3. 满足学习需求

高职英语教育考虑到了学习者的语言、认知和情感差异,帮助他们做出相应调整。同时,也满足了其职业和个人的兴趣要求。

(1) 语言差异

由于学生的个体图式差异,不同学生在语言特征、词汇、语法学习方面存在学习顺序以及内容取舍等方面的差异。此外,有些学生习惯使用图式知识去推断和猜测意义;有些学生对陌生语言的处理策略少,习惯于求助教师、语法书和词典去证实自己的假设,他们更喜欢使用记忆法。

(2) 认知差异

在认知层面上,学生有不同的学习风格,如有些学生对视觉信息接受能力强,有些学生使用听力材料时学习效果好;有些学生善于演绎,有些学生长于归纳;有些学生注重整体,有些学生偏好局部;有些学生善于发现共通点,有些学生善于比较不同点;有些学生按顺序处理信息,有些学生平行处理信息等。学生对同一堂课的认知差异是无穷的,每一种学习风格都和学习策略有关,每个学生对任何一种教学策略的反应都是不同的。既熟悉教学策略,又了解学习风格的教师有得天独厚的优势去帮助学生更好地学习原版专业材料。变换讲解演示方式是应对不同学习风格的基本策略之一。莫汉(Mohan)提出了一种将"经验法"和"说明法"相结合的教学方法,前者指角色扮演、讨论、演示与操母语者交往等,后者包括讲座、读物、讨论及演示等。

(3) 情感差异

大多数学生在学习原版材料和真实案例取得成功时都会被激发出极大热情,个别则不然;有些学生习惯于独自学习,有些学生付出努力就希望得到表扬;有些学生不喜欢教师的直接纠正,有些学生得不到纠正则不悦等。优秀的教师应随时观察和分析学生的情感需求,争取保持克拉申(Krashen)所说的"低情感过滤者"作用,即允许学习者接受可理解性输入,情感过滤越低,越有利于学习者的学习。

在决定教学内容时,学生的参与也很重要。学生参与选择话题和教学活动可使其有更好的学习动机,促使教师及时调整课程内容和教学策略,更好地满足学生的需求。况且,学生提出的主题和实践活动被采纳后,有利于创造班级良好的学习氛围,同时也有助于减轻教师教学组织的负担,教师能更好地做"学生学习的管理者。"

4. 培养学生的英语交际能力

高职英语教育是语言教育的新坐标,这个新坐标的中心是培养学生的英语交际能力,即在真实条件下与说母语者交际的能力。

真正的人际交流是不能与目的语文化、交际能力之语言以及非语言特征相割裂的。这个概念与高职英语教育有着密切的关系。为使高职学生更好地适应在新的文化背景下生存和工作,教师必须创造与所学目的语文化有直接联系的教学环境,显然,基于语法能力的教学是无法胜任这一任务的。

克拉申指出,外语学习早已超出了纯语言的范畴,它同时也是一项社会的、文化的、历史的猎险。因为它研究的是作为社会现实的语言,所以传统的关于语言与文学、宏观文化与微观文化、语言能力与语言使用、普通教育与职业培训的界定,早已不像先前那样清晰。

克拉申和特雷尔(Terrel)将专业性课堂活动称为"课堂上有效地向学生提供提高性输入的方式"。他们引用了加拿大沉浸教学法与 ESP 相结合的例子,通过用目的语学习专业性学科(如数学、历史、科学等),学生的学习效果得到显著的提升。他们表示,这种教学的成功源于学生对于语言信息而非语言形式的关注。同时,这种教学方式成功地向学生展示了学习英语的优势,高度关注学生在语言学习中的分析和批评能力,鼓励学生继续提高语言技能。

(七)高职英语教师现状分析

高等教育的大众化和社会对应用型复合人才的需求,必然导致职业技术学院英语教育的高速发展。随着高职英语教育规模的进一步扩大,师资队伍建设问题也日益突出。从目前职业技术院校英语教师的来源上看,主要是招聘普通高等院校毕业的本科生、研究生和企事业单位具有实际工作经验的英语专业人员,有一些经济实力比较强的院校通过特殊政策吸引博士研究生以及一些外聘的兼职教师。

1. 多数教师的最高学历毕业院校为非师范类学校

教师的最高学历毕业院校是否为师范院校,这是反映师资队伍建设是否专业的一个突出问题。多数非师范类院校本科或者研究生毕业生,在校读书期间并未接受任何形式的教学方法培训,也没有进行系统的教育心理学课程和教育理论的学习,没有教育实习经验,毕业后直接到职业技术院校任教。他们在英语教学岗位上,大多凭自己的感觉和摸索实施教学。因此,职业技术院校在师资队伍建设中面临一个重要的任务,就是建立针对年轻教师的"传、帮、带"机制,帮助年轻教师熟悉并掌握英语教学的规律和特点。

2. "双师型"教师入职前教学实践经验不足

从企事业单位引进有实践经验的英语人才,是职业技术院校英语专业建设"双师型"英语教师队伍的有效措施。随着教师职业准入制度进一步完善和深化,这部分教师的数量还将越来越多。这些"双师型"教师在英语实操和岗位知识方面确实存在优势,但对高职英语教学的了解却非常有限。自己懂得如何使用英语是一回事,而如何教会、教好学生使用英语则是另一回事。因此,他们亟须进行教学方法的系统学习和教学实践的经验积累。

因此,要加强高职院校英语师资队伍的建设,尽快提高教师的职称、学历、教学水平和科研能力尤为重要。

二、高职英语专业教学模式分析

21世纪以来,我国高等职业教育飞速发展,但同时也面临越来越多的问题和挑战。在短短几年时间内,高职英语学科教育也迅速壮大起来。在广大高职英语教育工作者的共同努力下,在高等教育出版社等一流出版社的大力配合下,全国出现了数套具有较大影响的高职英语教材,如《实用英语》《希望英语》《新视野英语教程》等,针对高职英语教学方法的研究也如雨后春笋般不断涌现,涉及高职英语的目标定位、教学方法、教材编写和选用、学习策略研究等多个方面。然而,在高职英语界理论与实践百花齐放的同时也出现了一些令人困惑的现象,归纳起来主要有以下三种:高职英语专业研究的力度较弱;在英语教学理论依据中,英语作为外语与英语作为二语的区别不够清晰;在英语教学理论探讨中,教学模式与教学方法等术语有混用的趋势。

在上述现象中,第一种有待于全体高职英语界同仁,尤其是高职英语专业教师长期不懈的努力与耕耘,而非一朝一夕之功。后两种则是目前高职英语界,乃至整个英语教学界比较普遍存在的现象。在此,作者将注意力集中于后两种现象,并力图从基本术语的辨析开始对这些困惑做尝试性地梳理,并在此基础上,结合作者从事高职英语专业建设的经验和教训,探究建立高职商务英语专业模式的可行性。这种努力也许可以为实现以下目标做出微弱的贡献:丰富高职英语专业的理论建设,健全高职英语的理论体系;指导高职英语专业实践,促进我国高职英语教育的健康发展。

(一)教学模式定义

在教育学理论体系中,教学模式也许是最有歧义的术语之一。但凡论及教育教学,"教学模式"一词都不免"登场亮相"。尽管该词在各种期刊和专著中具有很高的曝光率,但是学术界至今也未能对其作出一个占主导地位的定义,更多的只是各家各派的理解和诠释。

研究教学模式,有必要先对"模式"做一番语义分析。据我国教育学家查有梁先生基于各大权威辞书的考证,"模式"一词源于"模型",最初指实物模型,后发展为非实物模型。非实物模型最初应用于数学领域,即数学模型,指用数学符号抽象地表达实际问题,"数学建模"如今已经发展为一种专门学科。非实物模型拓展应用于人文社科领域后,即成为人们常说的各种"模式",如"文化模式""教育模式""经济模式"等,指用文字或图解对非实物现象进行一种抽象的说明或描述。模式与理论联系密切，可从理论中来，也可发展为理论。从中文语义上看，"模式"广于"模型"，而其对应的英文则一般用"model"，而非"pattern"，尽管如今两词在翻译中有混用的趋势。

美国哥伦比亚大学的乔伊斯（Joyce Bruce）和威尔（Marsha Weil）在《教学模式》（*Models of Teaching*）一书中引用杜威对教学的定义——"教学是环境的设计"，认为教学模式是"对学习环境（包括模式使用时的教师行为）的描述，可用于设计课程、教案、教材（包括多媒体材料）等诸多方面"。在此基础上，他们提出信息加工型、社会型、个人型和行为系统型等四大类别的十多种教学模式。

（二）我国英语教学的特殊背景

具体到我国英语学科教育，对教学模式的理解在教学理论探讨中同样存在定义混乱的现象。有研究者在统计1999年至2003年间七种外语类核心期刊中关于大学英语教学模式的文章时，发现真正属于教学模式层次的论文数量太少，无统计分析意义，故将有关教学方法的论文一并纳入统计范围。这一统计默认（因没有具体界定）的前提似乎是教学模式不同于教学方法，但其实际做法却将二者画了等号。这一表象的模糊实质上只是我国外语教学理论纷争的冰山一角，以下列举两个影响更为深远的例子。

我国英语教学的学科归属争议已非一日，并且是有其世界背景的。研究表明，早在20世纪70年代末和20世纪80年代初，国内外就已开始讨论语言教学与语言学的关系问题。部分国外研究者从跨学科的角度对外语教学进行了大量的理论探索，反对将外语教学划归为语言学，并在此基础上提出了各种跨学科性的语言教育模式。

早在20世纪80年代，一批应用语言学研究者就将外语教学划归为语言学的分支——应用语言学的范畴。例如，桂诗春指出"中国外语教育的发展有赖于我国应用语言学研究的发展"。相对于国外的研究而言，"中国英语教学有一种深沉的语言学情结"。

当然，对此也不乏反对意见。在国内研究者中，章兼中教授综合国外的理论，结合我国语言教育的实践，提出语言教育的完整体系是由宏观的教育政策及其跨学科的基础理论、中观的语言教育理论与应用和微观的语言教育实践三个层面构成。夏纪梅在论及外语教学的学科属性时也认为"不宜把外语教学划归为语言学。至少语言学不是外语教学的唯一归属学科，这个结论应当是可以成立的。"

这种对语言教学跨学科性质的关注无疑是有利于我国外语教学的理论建设与实践发展的。

（三）高职英语专业教学模式的定位

探究我国高职英语专业教学模式必须首先辨析普通高校本科英语专业与高职英语专业的关系、通用英语（English for General Purposes，EGP）与专门用途英语（English for Specific Purposes，ESP）的关系、教学方法与教学模式的关系等。

1. 本科英语专业与高职英语专业

目前，我国高等职业教育正处于快速发展和深化改革的重要时期。随着经济全球化的发展，我国加大了培养针对一线岗位群的实用型高等人才的力度，高职教育获得了前所未有的发展。我国颁布了针对高职专科英语课程的指导性文件《高职高专教育英语课程教学基本要求》（以下简称《基本要求》）和《高等职业教育专科英语课程标准（2021年版）》，这对于高职英语专业的基础英语教学起到了非常重要的指导作用。各高职院校的英语专业也根据《国家职业教育改革实施方案》《关于推动现代职业教育高质量发展的意见》等政策文件，参照一些行业通用的语言能力标准和规范，并根据学校所在地区经济产业需求、自身办学定位、师资、生源等情况构建教学体系和指导教学。而我国本科英语专业已经在长期发展的成熟经验基础上，按照"英语＋专业知识""英语＋专业方向""英语＋专业"等模式进行改革，以适应新时代对复合型人才的需求。

2. 通用英语与专门用途英语

由于高职院校培养的是技术、生产、管理、服务等领域的高等应用型人才，高职英语的课程教学目的被确定为"使学生掌握一定的英语基础知识和技能，具有一定的听、说、读、写、译的能力，从而能借助词典阅读和翻译有关英语业务资料，在涉外交际的日常活动和业务活动中进行简单的口头和书面交流，并为今后进一步提高英语的交际能力打下基础。"这一界定也与ESP所涵盖的范围不谋而合。

3. 教学方法与教学模式

结合高职英语教育的实际情况，作者将高职英语专业教学模式界定为：由一定数量的子模式群体，分层次构建的一个开放式、发展性的体系。它以一种简化的方式反映高职英语专业建设的方方面面，其中既包含教学各要素及其关系，又体现教学各阶段、各过程的特点。它是高职英语专业人才培养的一种综合模式，又可将它具体分为宏观的能力结构子模式群、中观的教学过程子模式群和微观的课堂教学子模式群（即课堂教学方法）。

第五章 高职英语专业建设情况

一、高职英语课程设置概论

(一) 高职课程设置的特点

1. 课程设置的定义

课程设置是指各级各类学校开设的教学科目、教学时数及其开设的先后顺序的计划和安排的总和。课程设置必须符合培养目标的要求,它是培养目标在课程计划中的集中表现。各门课程之间要衔接有序,使学生通过课程的学习与训练,获得某一专业所具备的知识与技能。

高职教育课程是指高职教育课堂教学、课外学习以及学生自学活动的总体规划。高职教育课程不仅包括能力形成的课程,还包括一些能力形成所必需的相关知识的课程,这些课程相辅相成,实现有机统一。

高职教育的课程体系应以就业为导向,以素质、知识、能力的共同需求为出发点,以市场需求为基础,根据企业、行业、职业、岗位的要求,以职业素质和职业能力培养为主线,课程结构体系的设计始终围绕学生的工作岗位定位和职业能力的有机衔接这一中心,确定能力培养目标,以促进学生的人格完善和智力发展,并在课程实施中使学生获得职业经验,提升职业素养,成为符合岗位需求的高素质人才。

2. 高职课程设置的理念与原则

(1) 理念

① 动态性。由于高职院校受经济发展、产业结构和社会需求的影响较大,课

程的设置应摒弃一成不变的思维,要顺应时代的要求,依据社会、经济和技术的发展作出相应的调整。根据市场发展的动态,预测市场对该行业人才知识、能力和素质结构要求的变化,与时俱进地作出相应调整,使课程设置能够适应市场需求。

② 整合性。专业课的设置要立足于市场经济条件下人才的职业流动性和多岗位就业的实际,拓宽专业口径,扩大专业的知识覆盖面,使学生的专业知识和技能兼具广度和深度。因此,课程设置要做到科学合理、有机整合、删繁就简,实行模块组合,释放更多的学习空间。

③ 创新性。高职教育要为社会经济服务,适应职业活动特点,满足学生创业立业的要求。根据社会经济和劳动力需求,以及社会发展可能对高职人才新的需求,开发新的课程体系,提升学生的创新思维,为社会培养更多创新型的人才。

④ 超前性。紧跟时代步伐,贴近市场办学,正确处理现代知识与传统知识的关系、现代技术和传统技术的关系,把握相关专业的最新理论与发展动态。努力使课程设置紧跟时代步伐和技术发展,充分体现专业的新知识、新技术、新工艺、新方法,打破陈旧的课程内容的束缚。

(2) 原则

① 灵活性。课程体系的设置应具备灵活和弹性的调整机制,能根据社会经济、科技的发展以及市场的需求快速反应,及时反映社会需求的变化,及时进行课程的更新。

② 适用性。高等职业教育课程的开设方向与职业岗位密切相关,其专业定向贴近社会生产实际和职业分工,以就业岗位所需要的技能作参照,力求"按岗定课""岗课一致",培养技能型应用人才。

③ 个性化。综合考虑高职学生在知识结构、学习兴趣、学情基础和学习需求上的个性差异,高职课程设置应充分考虑学生就业、转岗的需要,因材施教,尊重并帮助学生在不同的职业方向个性化成才。

④ 实践性。高职教育的实践性具有智力性和创新性特点,这就要求高职课程设置坚持职业性和应用性,突出职业性技能培养,高度关注认知性实习、专业技能训练、毕业设计、顶岗实习等实践环节,全面增强学生的职业能力和岗位适应性。

3. 高职课程设置的特点

美国职业教育课程专家芬奇(C. R. Finch)和克伦基尔顿(J. R. Crunkilton)将职业教育课程的特点归纳为:定向性(Orientation)——直接面向生产或就业;适应性(Justification)——基于特定地区的特定职业需求;针对性(Focus)——直接帮助学生形成广泛的知识、技能和良好的态度与价值观,增强学生的就业能力。国内著名学者姜大源将职业教育课程的特点归纳为以下三点。

（1）定向性

首先，职业教育的培养目标是培养出能在生产第一线从事操作、服务、管理的应用型人才，必须根据各个职业领域基本职业活动确立课程目标；其次，高职课程体系需要体现地区、行业特色，具有地区、行业定向性。

（2）适用性

课程内容强调直接经验的获得和职业技能的训练，课程所传授的是能在生产、服务中直接应用的知识、技能和态度。

（3）整体性

现代职业教育力图构建一个由课程实施和评价组成的完整的教学活动体系，这种整体性特征实际上是职业活动系统（包括计划、实施、评价）整体性的反映。

高职院校主要的办学目标之一是服务于地方经济，为地方经济建设输送具有实际操作能力的技能型人才，而区域特色又决定了各个地方经济所需人才的能力的差异性。因此构建各具特色的课程设置才是彰显职业院校办学特色的明智之举。高职院校应该如何调整课程设置，才能更好地服务于区域经济发展，同时又符合高职院校自身的定位呢？

高职教育要培养服务于地方经济建设、适应企业发展需要的实用型、技能型人才，其重点在于使学生具备工作岗位所需要的技能。因此，能力培养尤其是实际操作能力的培养，是高职院校教学工作的最终目标和任务。在最初进行专业设置论证以及定期修订专业人才培养方案时，应当把社会需要的用人规格和岗位核心素养能力分解成必需的知识技能支撑模块，并与具体课程对应起来，使高职院校的课程设置打破普通高校的模式化倾向，旗帜鲜明地体现出灵活性、实用性和职业性的特点。

高职教育具有很强的职业导向性：人才培养的层次明确——培养实用型、技能型应用人才；毕业生今后的工作方向明确——面向基层、面向生产和服务第一线。但由于多重原因，目前高职院校培养的学生的能力和知识结构还不尽合理，导致部分学生就业能力较弱，难以适应社会发展的需要。因此，如何设置符合现代社会需求的高职专业课程，对于提高高职院校人才培养水平具有重要的现实意义。

（二）高职公共英语课程设置

1. 课程设置的理念

杨黎明教授指出，高等职业教育的公共基础课程和本科院校的公共基础课程不尽相同，高等职业教育的公共基础课程承担着双重功能，一方面它要为学生人文素养提升作出贡献，另一方面它又要为学生专业课学习提供支持。作为培养和造就各类专门人才的重要基础课程,要完成以就业为导向、培养学生面向实际工作岗位的基本技能的根本任务,高职英语课程设置应该树立以人为本、以能力为本的理念,注重实践技能培养,为专业服务,面向专业需求;要促进学生在教师指导下主动地学习,使学生成为知识的主动建构者,具有终身学习的能力。

(1) 以人为本,因材施教

高职英语课程应本着"以人为本、承认差异、发展个性、着眼未来"的原则,尊重学生的个体差异和发展,激发学生的学习兴趣,并根据学生的学习基础和个性需求因材施教。在教学实践中,教学目标的设定、教学过程的实施、课程评价的考量和教学资源的开发等都应以学生为主体,切实提高学生的语言应用能力和综合素质。

(2) 实用为主、够用为度

根据《高职高专教育英语课程教学基本要求》,英语课程应本着"实用为主、够用为度"的原则,在教学中正确处理听、说、读、写、译之间的关系,帮助高职学生克服羞于开口的心理障碍,提高学生的语言实际运用能力,为社会培养高素质、高技能的应用型人才。

(3) 推行"项目化"与"任务型"

以职业能力为主线,以工作过程为导向,以具体项目为载体,将任务训练贯穿于教学全过程。英语课堂作为培养学生的英语实际应用能力的载体,更应倡导任务型教学模式,让学生在教师的指导下,在感知、体验、合作、展示等实践活动中真正提升语言应用能力,体现学生的主体地位,发挥教师的主导作用,改善高职英语课程的教学效果。

(4) 培养自主学习和终身学习能力

通过翻转课堂、小组探究、自主学习等教学方法和活动,培养学生的自主学习能力和终身学习能力。高职英语课程必须重视语言学习的规律,强调语言基本技能的训练和语言应用能力的培养;鼓励学生充分利用有限的业余时间进行自主学习,思考和总结适合自己的英语学习方法,培养自主学习和终身学习的意识。

2. 课程设置的思路

高职英语教学承担着提高学生的英语应用能力、服务专业学习和培养人文素养三大功能。在内容深度上,遵循"以应用为目的,以必需、够用为度"。在内容体系上,按专业需求设计课程模块,模块间互相独立,形成"基础英语+行业英语"的教学体系。以能力培养为切入点,开发和应用高职英语网络化教学平台,引导学生利用网络平台自主学习、自我提高,使不同层次、不同类型的学生能各适其所、各取其需、各获其益,从而满足高等教育大众化条件下不同智能结构个体的学习需求及专业需求。

课程设置的意图:体现高职英语的基础作用,为学生的专业学习提供必要的支撑和保障;满足不同专业对英语知识和能力的特殊需求,为学生的专业学习服务;促进学生英语应用能力的提高,满足学生的个性发展。具体来说分为以下五个方面。

(1) 课程目标方面

应改变注重单一的传授语言知识的思维,在帮助学生获得语言知识、语言技能和综合运用语言能力的同时,还应提升学生的综合人文素养与心智,帮助学生形成正确的人生态度与价值观,提高学生的爱国情怀和职业素养。

(2) 课程模式方面

要改变过于注重应试和结构单一的倾向,强调满足不同学生就业选择、升学深造以及个人兴趣和发展的需要,体现英语课程结构的基础性、多样性和选择性。

(3) 课程内容方面

要改变过于注重书本知识传授的倾向,强调教学内容与学生的生活经历、兴趣爱好以及当代社会发展的有机结合,精选出适合"00后"学生知识和技能培养的语言学习材料。

(4) 课程实施方面

要改变过于注重接受性学习和机械性训练的倾向,强调引导学生形成主动参与、乐于探究、勤于动手的学习方式,着重培养学生用英语收集和处理信息的能力、分析和解决问题的能力、互学互鉴的精神、团队合作的能力和终生学习的意识。

(5) 课程评价方面

要改变过于注重学业成绩的倾向,强调科学性、鼓励性和发展性等原则,发挥课程评价在促进学生全面发展方面的功能。

归根到底,这五个改变就是要促进学生知识、能力、态度和情感的和谐发展,使他们成为兼备高尚品德与聪明才干、创新精神与实践能力、具有鲜明个性与善于合作的优秀技能型人才。

3. 课程定位

(1) 课程性质

根据《面向二十一世纪深化职业教育教学改革的原则意见》等文件精神,高等职业教育的英语课是一门必修的公共课。从全面提高学生的综合素质来说,英语课无疑是一门不可或缺的基础课;从提高学生的综合职业能力来说,英语课又是一门重要的工具课。针对高职院校学生英语水平现状,如何进行英语教学改革,如何培养学生的英语能力,如何让英语课程的开设为学生就业拓宽渠道,如何在"以就业为导向,以服务为宗旨"的背景下为加大课程改革力度提供支持,是高职院校面前亟待研究的重要课题。

高职英语是高等职业教育体系中一门重要的基础课程。它不仅传授必要的语言知识,培养学生使用英语进行人际交往和对外技术交流的能力,同时也指导学生掌握英语自主学习方法,培养他们的逻辑思维能力,以及主动学习的意识和合作精神,为培养适应社会需要的高等技术应用型人才服务。学生完成学习任务后,也应具备一定的英语知识和技能,具有较强的阅读能力,能够翻译一般技术性资料,撰写常用应用文,并为今后进一步学习和运用英语打下较为扎实的基础。

(2) 课程作用

高职英语课程既是一门公共基础课,又是一门专业基础课程,它主要有以下三个作用。

① 培养学生的语言能力。高职英语课程的结构和内容综合考虑各专业特点,让英语能力成为"一专多能"中的"一专"或者"多能"中的"一能"。高职英语课程的教学应促进学生英语综合应用能力特别是交际能力的提升,为学生的职业发展打下良好的基础。

② 服务学生的专业学习。更新学生原有的英语知识,进一步提高职场英语知识结构和应用能力,掌握本专业和相关专业技术领域职业岗位所必需的英语技能,强化听、说、阅读、翻译等方面的基本能力,使其有效地服务于专业课程的学习。

③ 面向学生的终身发展。从英语课程的基础性出发,提升学生的人文素养,向学生传授思考和处理实际问题的思想和方法,为学生适应未来社会发展提供素质和能力基础,促进学生自主学习、交流表达、自我提高、与人合作、解决问题等核心能力的持续发展。

4. 课程教学内容

(1) 课程的内容与基本要求

高职英语课程教学应以《高职高专教育英语课程教学基本要求》(以下简称《基本要求》)为依据,在词汇、语法、听力、口语、阅读、写作和翻译等方面达到《基本要求》所规定的指标。根据学生入学时的英语水平,尊重个体差异,实施分层次教学、差异教学。对基础较差的学生可适当增加语法、语音等方面的基础教学内容,在完成规定的教学任务后,学生的英语能力应基本能够达到B级的要求。在实施教育教学的过程中,教师要始终贯彻"培养应用型人才"的教育方针,明确"以应用为目的,实用为主,够用为度"的教学方向,秉承"打好语言基础,培养应用能力"相结合的教学宗旨。

(2) 课程的重难点及应对办法

高职英语课程是一门语言基础知识和技能并重的公共基础课,教学的主要目标在于培养学生的英语综合应用能力,尤其是听说能力,让他们在今后的工作和社会交往中能用英语进行有效的口头和书面交流。母语环境下所有外语教学的重点和难点,就是要将难以完全系统化、明晰化的语言知识转化为语言技能。因此,高职英语教学的重点和难点就是促进语言知识向语言技能的迁移,教师可以从以下四个方面进行探索和实践。

① 更新教学观念。倡导"以学生为中心,以培养能力为重点,全面提高学生的文化素质"的教学思想,突出学生的参与性、教学内容的实用性和教学方式的实践性。以学生为主体,在关注群体发展目标的同时,重视个体差异,为学生提供个性化的指导和帮助。

② 改进教学模式。根据高职学生英语学习的心理特点和学习规律,采用以"学生为中心"的教学模式和方法,在课堂上充分调动学生的积极性,鼓励学生参与实践活动和任务。通过设计形式多样的课堂活动,使学生变被动学习为主动学习,全面提升英语听、说、读、写、译的能力。

③ 优化教学手段。将现代信息技术、多媒体技术和网络技术融入英语教学,这不仅可以极大地促进高职英语教学在教学思想、内容、过程和方式等方面的根本变革,而且有助于培养信息社会所要求的、具有高水平外语语言运用能力的人才。而多媒体教学手段更是为增加课堂趣味、充实教学内容和活化教学方法提供了有利的条件,它使语言学习更直观和更具吸引性,有助于拓宽学生的视野和知识面。信息化学习工具还可以增进师生和生生之间的交流互动,为学生的语言输出创造更多的机会,提高他们的语言使用能力。

④ 创建学习环境。努力创建良好的英语学习环境,鼓励学生从大一开始就有计划、有安排、有指导、有目的地参与各类与英语相关的自主探究活动、小组团队活动、课外实践活动和第二课堂等,引导和帮助他们有意识地发展自身某一种或多种技能,把学习过程变成在教师指导下的自我发展过程,为以后进一步的语言运用打下坚实的基础。

(3) 实践教学的设计思想与效果

高职英语的主要教学目标就是培养学生运用英语进行交际的能力,它是一门以语言知识习得为基础、以语言能力培养为目标的实践性很强的课程。但由于课时有限,仅仅依靠课堂教学来实现语言知识转化为语言技能的目标显然是不现实的,而且难以得到全面地巩固、内化和吸收。因此,高职英语实践教学体系的建立非常重要。

① 实践教学的设计思想。实践教学的设计要基于学生英语综合应用能力的培养,特别是听、说、译等能力。实践教学的目标在于培养学生自主学习能力以及提高综合文化素养,以适应我国社会发展和国际交流的需要。实践教学的设计始终突出学生的主体地位,运用先进的教学方法和教学手段,充分调动学生的学习积极性,培养学生的自主思考和探究精神,激发学生的学习潜能,注重对学生语言综合运用能力和综合素养的考查。

② 实践教学的组织形式。实践教学应体现灵活性、多样性和趣味性,可定期组织英语类的课外活动,如英语演讲、角色扮演、短剧表演、网上英语讨论、导游实践、英语读书报告会、英语演讲比赛、英语口语比赛、英语辩论赛、英语晚会、英语

角、英语讲座、社会调查等。

③ 实践教学的效果。丰富多彩的实践教学活动能为学生创造更多的互动交流的机会，营造良好的英语学习环境与气氛，激发学生学习英语的积极性。通过参加各种实践活动，学生不仅可以极大地提升自主学习能力和语言实际应用能力，还可以培养学生发现问题、分析问题和解决问题的能力，以及团队协作精神。

(4) 教学方法

高职公共英语课程以课堂教学为主，教师在教学过程中应注重综合提高学生听、说、读、写、译的能力，根据实际情况采用多种教学方法，使教学生动有趣。在教学过程中，教师应注意以下五个方面。

① 处理好基础和能力的关系。打好语言基础是教学的重要目标，在教学过程中要注意将语言知识的讲授与实践相结合，根据循序渐进的原则，在不同阶段对听、说、读、写、译能力进行针对性的训练。

② 处理好教学和测试的关系。语言测试应着重考核学生实际运用语言的能力，为教学改革和语言学习提供积极的反馈，为提高教学质量提供必要的保证。

③ 关注个体差异。不同专业和不同班级学生的英语基础存在较大差异。由职业高中或中专升入高职院校的学生，其英语基础普遍比高中毕业生的弱，工科专业学生的英语基础相对比文科专业学生的弱，艺术类专业的学生英语基础则更为薄弱。在教学中，教师应根据不同班级学生的英语水平因材施教，适当增减教学内容，避免在教学中出现"一刀切"的现象，以达到最佳教学效果。

④ 突出学生的主体地位。在教学过程中，在发挥教师指导作用的同时，应重视学生的主体地位，形成师生互动的双向交流。要调动学生参与课堂活动的积极性和主动性，提高他们学习的自觉性和自信心。教学内容应注意面向全体学生，以人为本，因材施教，同时结合语言教学的规律，加强学生的素质教育。

⑤ 采用现代化的教学手段。为了打好语言基础，培养语言运用能力，提高文化素养，在教学过程中应以教材为纲，积极采用现代化的教学手段，如录音材料、多媒体课件、微课视频、网络教学资源、手机学习软件等，形象、直观地向学生展示英语在实际交际中的运用，营造良好的英语学习氛围，开展双向或多向交流，进行大量的语言实践训练，提高学生综合运用英语语言的能力。

(三) 高职英语专业课程设置

1. 商务英语

(1) 人才培养目标

商务英语专业的人才培养目标是：培养能较为熟练地掌握英语听、说、读、写、译等基本技能、具有一定的跨文化交际能力、能够在涉外商务领域从事管理或服务工作的高技能型人才。为了达到这个培养目标,满足培养要求,商务英语课程必须科学合理地规划,尤其要注重课程的模块化设置。

(2) 课程模块

课程中的每一个模块在着重培养学生某一项英语技能的同时,兼顾提高英语综合运用能力和人文素养,通常包括以下四大模块。

① 语言知识与技能模块。该模块旨在使学生具备必要的听、说、读、写、译等综合语言运用能力。奠定良好的语言基础是体现专业优势的关键。

② 商务知识与技能模块。该模块旨在使学生熟悉与商务有关的基础知识与技能,帮助他们了解在某一领域处理涉外商务活动的具体流程,掌握处理基本业务的方法。

③ 跨文化交际模块。该模块旨在帮助学生树立全球意识和开拓国际视野。通晓国际惯例,加深对本国文化和西方文化的了解,熟悉对外交往礼仪,增强国际理解力,以提高学生按国际惯例从事商务活动、处理各种关系、用英语沟通和完成工作任务的能力。

④ 人文素养模块。该模块旨在帮助学生具备良好的政治思想素质,培养高尚的思想道德情操,熟悉中外各国的政治、经济、地理、历史、文化传统、人文知识、风俗习惯和其他相关知识,具备较扎实的汉语基本功和文字表达能力,以及较强的创新意识和一定的创新能力。

(3) 具体的课程目标

具体的课程目标是:具有较强的英语听、说、读、写、译能力;熟悉对外商务活动中各个重要环节的基本知识和进出口贸易的操作流程,熟练掌握对外商贸函电的撰写和翻译方法,具有直接参与涉外商务交际的能力和处理涉外商务问题的能力;熟悉现代化办公软件的应用与操作,具备处理涉外日常工作的能力;初步具备合乎礼仪地进行涉外交际活动的能力。

(4) 目前存在的主要问题

当前,商务英语的课程设置仍存在一些问题,如课程体系的构建过于追求学科知识体系的系统性、完整性和科学性,缺乏高职院校应重视的实践性;课程设置基本仍停留在简单的"英语+商务"模式上,理论课和实践课缺乏必然的内在联系;在课程内容选取上受学科体系的约束,缺乏针对性和实用性;在内容的组织与安排上过分强调课程体系的系统性和完整性,缺乏专业覆盖到的岗位(群)所涉及的知识点;与职业领域实际的联系不够广泛,对学生应用专业知识解决问题的意识和能力培养不够;课程开发与实施主体单一,主要由高职院校的教师实施教学任务,缺乏企业指导教师的参与;教学内容未与时俱进,缺乏符合社会发展的先进性和行业发展的同步性,知识内容难以适应市场的需求。

(5) 课程建设重点

根据职业岗位(群)要求构建高职商务英语专业课程体系。依托行业(企业)、校企合作共同开发课程。依托企业专家与专业团队,共同确定职业岗位能力,对职业活动进行分析与归纳。以就业能力为导向,根据岗位要求设置课程,构建高职商务英语专业课程体系,处理好职业素质、核心能力、英语能力、拓展能力与课程设置的关系。

基于工作过程,构建工学结合的核心课程。以"课证融通"为目标,以工作过程为主线,构建"工学结合"的核心课程内容。将工作过程中的岗位技能要求、行业标准与职业规范、职业资格技能要求和职业素质要求融入课程内容,实现职业技能资格证书与课程教学内容的全面融合。

课程体系应注重语言与商务、理论与实践的有机结合和有效衔接,满足综合应用能力和素质培养要求,体现"厚外语、强外贸、高素质"的人才培养目标。明确各门课程在人才培养中的作用,并以此为依据,设定具体教学目标,选择学习内容,设计课堂教学及实践环节,优化教学方法和教学手段。

2. 旅游英语

(1) 课程体系

在高等职业院校的旅游英语专业课程中,英语和旅游相关的学科处于同等重要的地位。它在提高学生英语交流水平的同时,还针对涉外旅游企业的具体岗位要求,重视专业知识技能的传授和实践,使学生既懂一定的旅游知识,又具有较好的英语沟通能力,以满足涉外旅游岗位的需求。

(2) 课程设置

高职旅游英语专业教育是英语和旅游知识相结合的教育。学生通过学习英语语言知识、英语阅读、旅游英语、英语口语、英语听力、英语写作等,提高听、说、读、写、译的英语运用技能。同时,学生通过学习旅游基础知识、演讲与口才、旅游市场营销等,了解旅游市场的宏观理论和具体实务。学生还通过学习中国历史文化、中国旅游景点、中外礼仪、电子商务等相关的综合性课程,开拓视野,培养用英语传播中国文化的能力,全面提升综合素质和职场竞争力。

(3) 目前课程设置存在的主要问题

当前,高等职业院校旅游英语专业的课程体系也存在一些问题,如课程设置与工作体系脱节、公共课程与专业课程脱节、学习内容与工作内容脱节等。学校与企业未创建良好的合作氛围,从而未能为学生提供充足的实习机会;学习内容、实践活动和实习环境与真实的工作环境相去甚远,使得本专业的学生在就业时难以满足市场对高素质人才的要求。

二、高职英语专业建设概述

学生的专业知识和能力的构建是通过专业学习来完成的。因此,专业建设在学校发展中具有举足轻重的作用。

(一)高职专业建设的主要内容

(1)师资队伍建设——专业建设的核心

师资力量是衡量一个学校办学水平高低的决定性因素之一。我国高等职业教育经过多年的探索与发展,已经初具规模,办学质量也得到了稳步提高。然而,师资的严重缺乏已成为我国高职教育发展的瓶颈。高等职业教育师资队伍建设不能照搬普通高等教育的模式,也不能简单地把中专学校的教师自然地"升格"成高职院校教师。教育主管部门和高职院校应当结合高职教育的特点和教学规律与要求,制定师资队伍发展规划,有步骤、分批次地培养适应高职教学需求的合格教师。

(2)课程体系与教材建设——专业建设的基础

课程体系是专业知识和职业能力培养要求的全面体现,课程设置、课时数量及授课顺序等方面是否科学合理,直接关系到专业培养目标能否顺利实现。课程体系是专业设置时必须首先确定的内容。课程体系确立的前提是对各专业涉及的工作岗位群所需要的知识和技能进行充分调研。从全面培养人的角度来看,课程体系还要兼顾学生综合素质的提高。教材是专业知识和个人素质、能力培养的物质载体,缺乏这一载体,必将影响专业知识传授和专业能力形成的效果。如何使教材符合高职教育的特点与培养目标,仍然是目前乃至今后很长一段时间内高职教育界应当密切关注的问题。

(3)办学条件建设——专业建设的保障

重视实习实训是高职教育的办学特色之一,也是提高高职教育质量的重要环节。实践教学条件直接关系到学生专业技能培训的质量。高职院校应不断加强实践条件建设,不仅要建设高质量的校内实践基地,还要推行"走出去"的战略,设法与企业合作,共建校外实习实训基地,从而增强高职毕业生的社会适应性。

(二)高职院校专业建设的要素

(1)专业设置要面向区域经济,融入产业要素

教育主管部门在审批专业和调整专业结构时应充分考虑区域主导产业、重点

产业、特色产业的发展现状和趋势,合理规划与布局高职院校的专业结构。同时,学校要走进产业规划部门,学校中层干部和专业带头人积极参与产业的调研和规划制定,开展产业活动分析和课题研究,全面了解产业转型升级的态势与战略趋势,以确定符合产业发展需求的专业,制定可行性高的专业发展规划。

(2) 人才培养要针对市场需求,融入行业要素

学校利益要服从国家利益,建立人才培养模式动态调整机制,对于不适应社会发展需求的专业要及时停办。区域经济转型升级带来结构、布局和支柱产业的变化引发了行业、企业对不同类型的高素质技能型人才的需求。社会需求是人才培养的立足点和结合点,因此"专业—产业"的关系是建立在"专业—行业"关系之上的。在课程开发中,要注重体现行业发展的要求。

(3) 基地建设要构筑工作场景,融入企业要素

高职院校的实训或实操场地应充分考虑训练项目的技术含量,设计符合企业需求的典型工作任务,并在设备选择、物质环境、教学项目设计等方面体现企业的职业氛围。因此,实训场地不仅要体现高职院校的办学特色,而且要兼顾其教学、培训、职业技能鉴定以及应用技术研发等功能,使学生成为适应社会需求发展的高素质技能型人才。

(4) 课程建设要符合职场情境,融入职业要素

课程的建设应以工作任务为导向。传统的高职教育课程沿袭了本科教育学科型课程模式,而现代职业教育对学生的技能和发展有了新的要求,从"以知识为中心"的课程体系转型至"以工作任务为导向"的课程体系。新型结构课程体系应来源于真实的职场情境和职业岗位,通过对岗位工作任务的全面分析,根据岗位工作内容和能力需求来设置课程。

(5) 工学结合要对接职业岗位,融入实践要素

高职院校要根据专业特点,加强与企业的合作,共建实习实训基地。顶岗实习是高职院校培养学生专业技能的重要环节,学生的实习岗位必须和职业岗位全面对接;还要建立教师到企业锻炼的制度,形成对接机制:一是结合岗位开展企业调研,形成产业转型意识,把握产业发展的新技术要求,结合课程教学,搜集工作案例,丰富教学内容。二是参加企业岗位实践活动,丰富工作经历,提升教学能力。三是教师带项目到企业或参与企业技术改造和新项目开发,提升科研能力。

(三) 高职英语专业的人才培养目标及专业特色

(1) 高职英语专业的人才培养目标

高职教育英语专业的人才培养目标是:培养具有较强的英语听、说、读、写、译等综合技能,具有较广泛的跨文化知识、较实用的专业知识和熟练的计算机运用技

能,并能在外事、经贸、文化、教育、旅游等部门从事翻译、外贸实务、导游、办公室管理和涉外文秘等工作的高技能型人才。

(2) 高职英语专业的专业特色

高职英语专业有别于普通高校的英语专业,专业面向和职业岗位联系密切,课程内容和职业资格证书全面接轨,具有明显的职业性特征。在具体教学中,突出实践教学,以满足涉外管理和服务领域对人才的特殊需求,强调"宽基础、强能力、广适应"是高职英语专业的办学方向。实践教学和理论教学在高职教育体系中同等重要,它通过认知实习、专业实践、顶岗实习等一系列有目的、有计划、有组织的教学活动,实现学生书本知识、职业技能和未来职业岗位对接的教学形式——既包括对学生涉外管理、服务知识和技能的传授,又包括对学生职业意识的培养,还包括对企业经营管理环境的熟悉以及对经营活动中所涉及的人际关系的了解等。

(四) 高职英语专业建设的内容

1. 商务英语专业

(1) 商务英语专业定位

商务英语专业是一个复合型专业,涉及内容非常广泛。商务是个宽泛的概念,它是指围绕贸易、投资等开展的各类经济、公务和社会活动,具体包括贸易、金融、管理、营销、旅游、法律、物流、海事等方面。高职商务英语专业不可能全面覆盖所有与商务相关的领域,所以为商务英语专业设定一个具体的方向非常有必要。不同学校可根据社会需要和自身特点设立不同的专业方向(如商贸旅游、国际贸易、国际营销、电子商务等)。

高职商务英语专业的人才培养目标必须符合高职学生的水平特征,坚持"实用为主,够用为度"的原则,面向企业的中低端人才需求,培养实践能力强、理论知识够用的技能型人才,比如外贸业务员、进出口贸易单证员、报关员、外销员等。

(2) 高职商务英语专业的现状与问题

随着全球经济的发展,商务英语的重要性逐渐凸显。要想与来自不同国家的企业和客户进行有效的沟通和交往,仅仅靠通用英语是远远不够的。因此,商务英语逐渐发展成为一门新兴的学科。在世界各地的高等院校,甚至在以英语为母语的国家,也都开设了商务英语课程。英国的牛津大学和剑桥大学向全世界推出了国际性商务英语考试(Business English Certificate,BEC);哈佛大学、斯坦福大学、伯克利大学等著名院校都开设了商务英语课程。如今,许多外资企业来我国成立分公司,我国企业参与国际交往活动日益频繁,对于商务英语专业毕业生的需求量呈递增态势,这也为商务英语专业的发展创造了良好的外部环境。全国已有多所高职院校开设了商务英语专业。然而,高职商务英语专业在我国仍处于探索和发展阶段,而在教学实践中仍普遍存在以下问题。

① 专业性质不明确。目前,教育部对于高职商务英语专业的性质仍未作出明确的定性;对商务英语课程的教学内容也未作统一规定,在开课条件、课程设置、教学目的、教学大纲、考核等方面都没有具体的标准。这就使得开设这一专业的院校各行其是,按照自己的理解和各自学校的现有办学条件去组织教学。对于专业发展的基本问题还没有形成共识,教学中英语和商务孰轻孰重,这一问题仍未厘清。因此,在实际教学中,教师的重心或是偏向英语,或是偏向商务,而未将两者进行有机地结合和平衡。

② 专业特色不明显。受传统英语语言文学专业办学模式的影响,加之部分教学管理工作者和任课教师对高职商务英语的教学目标和教学效果仍然存在认识上的偏差,致使商务英语专业未能很好地发挥其职业教育的优势,未凸显它的职业特色。

(3) 高职商务英语专业建设思路

① 提升教学水平。高职商务英语的一线教师不仅要具有扎实的英语语言功底、丰富的商务知识,而且要有一定的商务实践经验和较强的实践指导能力。

② 更新教学理念。针对商务英语目的性和实践性强的特点,在注重对学生英语语言能力培养的同时,教师更应与时俱进,及时更新教学理念,掌握职业和岗位对学生的最新要求。

③ 优化教学方法。在互联网高速发展的时代,教师应充分利用先进的教学方法和手段,丰富课堂活动,让商务英语课堂真正以学生为中心和主导。

④ 丰富教学内容。教材是体现教学内容的载体,课程目标的顺利达成,很大程度上取决于教学内容的优劣。因此,教师在选择教材时,应注意教材的内容要富有时代性,紧跟现代商务活动发展的步伐。

2. 应用英语专业

(1) 高职应用英语专业现状分析

在高职英语类的四个专业中,"应用英语"这一名称最为贴近高职教育的办学特点。就目前开设应用英语专业的高职院校来看,专业方向可谓"名目繁多",有的学校甚至开设应用英语(商务方向)和应用英语(旅游方向),商务英语专业和旅游英语专业"不分彼此"。由此看来,高职英语类专业只要统称为"应用英语"就行了。显然,有些高职院校对英语类专业的类别划分还没有完全界定清楚。与本科英语专业对学生英语成绩择优录取的方式不同,高职英语专业的学生在录取时只考虑学生的高考总分,入学时英语基础参差不齐,因此他们在学习兴趣和信心方面也差异较大。另外,高职学生在校学习时间通常只有两年,虽然学校鼓励学生考大学英语四六级或专业英语四级,但是学生的基本功和专业知识仍不够扎实。

高职应用英语类专业如何走出困境,实现持续发展,是目前摆在高职院校面前的一个亟待解决的现实问题。

(2) 应用英语专业建设实施途径

① 师资优化。目前,高职应用英语专业教师大多是英语语言文学专业出身,知识结构单一,难以满足人才培养的需要。为了弥补现有师资力量的不足,高职院校应积极聘请行业、企业专家来校上课或定期举办讲座;有计划地安排专职英语教师到企业锻炼,在真实的环境体验、了解和熟悉工作岗位对知识技能的需求情况;创造条件与企业专家一起开发企业所需的课程,共同制定教学大纲、确定教学内容。

② 课程融合。在课程编排上可以将英语语言课程与国际贸易、商贸旅游、酒店管理、电子商务甚至跨国基建等岗位所需的知识技能进行融合,对学生进行听、说、读、写、译等技能训练的同时,根据学生的学情基础和职业素养需求,将不同岗位的职业技能融入英语课程教学。

③ 校企合作。要使应用英语专业学生具备实际操作能力,高职院校必须走校企合作之路,为培养学生的"实战"能力提供支撑。由于应用英语专业毕业生的社会需求面广而分散,加之学生的就业意向具有多元性,校外实习实训基地的建设至关重要,这就要求实训基地不仅具有一定的数量,还应覆盖不同的行业,以满足顶岗实习的需要。

④ 分向选课。从大二开始,根据应用英语专业学生的就业意向,在教师的指导下,跨专业选择有关职业领域的知识性课程和专业技能实训。经过与其他系部协商,将学生嵌入其他班级跟班听课学习。在第二学年结束后,根据学生的就业意向,安排他们到星级酒店、外贸企业等单位进行分流顶岗实习。

⑤ 项目教学。项目教学是指师生通过共同实施一个完整的项目而进行的教学活动。项目教学的形式可以灵活多样,比如学习小组参与涉外企事业单位调研,让学生对涉外事务的工作内容有所了解,并采集相关的中英文资料。教师应多尝试教学改革探索,为学生提供多种学习和实践途径,以更好地培养学生合作探究、互学互鉴和终身学习的精神。

3. 旅游英语专业

有着"朝阳产业"美誉的旅游业在我国国民经济发展中发挥着非常重要的作用,是21世纪最有前途的产业之一。2008年8月,我国成功举办北京奥运会,加上近年来网络社交平台如微博、微信、抖音、B站等的兴起,我国的历史文化、自然美景、各地美食、交通和生活的极度便利等逐渐被世界各地的人们所熟知,越来越多的外国游客纷至沓来,我国旅游市场的境外游客数量大幅增加。这就需要我国的旅游服务行业具备足够数量和高素质的人才。高职旅游英语专业正是这类人才培养的重要阵地,但是因为种种原因,高职院校旅游英语专业的建设离涉外旅游市场对人才的要求还有一定的差距。因此,要培养适应我国经济发展的高职旅游专业人才,应加大教学方法和实践手段的改革力度。

(1) 高职旅游英语专业的人才培养目标和特点

高职旅游英语专业旨在培养具有扎实英语语言基本功和合格的涉外旅游技能的高技能型人才,包括英语导游、涉外旅游接待人员等。由于服务的对象包括外国游客,该专业的毕业生还需具有较高的政治素养和国家、民族意识和跨文化交流意识,并熟悉客源地国家的风俗文化。同时,他们还需具备创新意识和灵活处理突发事件的能力,并懂得如何应对外国游客提出的要求。因此,涉外旅游工作对服务人员的综合素质和应变能力都有较高的要求。他们不仅需具有较高英语水平及旅游管理专业知识,熟悉中外历史文化,了解旅游经济规律、市场营销策略和旅游法规,还需具有良好沟通能力和组织能力,能以英语为工具从事旅游工作,是具有一定实践能力和创新精神的实用型、技能型人才。

(2) 高职旅游英语专业存在的问题

① 培养目标不明确。高职院校的旅游英语专业培养方向主要是英语导游和涉外旅游服务。但是,对于究竟要把学生培养成具备哪些素质和能力的人才,目前还缺乏统一的标准。另外,体现高职院校办学特色的"订单式"培养方案难以真正落到实处,这往往导致企业需要的人才学校没有培养出来,学校培养的学生很难做到完全契合企业岗位的需求。

② 课程体系重理论轻实践。根据研究者调查,这一现象在高职旅游英语专业中普遍存在。教学重点仍然放在提高学生英语语言能力方面,过于强调学生语言的规范性,忽略了学生的语言实践和应用能力,不能学以致用。课程中的实训课往往流于形式,实践活动又缺乏深刻性,学生缺乏真实情境的实操,从而难以满足竞争激烈的涉外旅游市场的需求。

③ 未重视学生综合素质的培养。英语课程在教学中过分强调语言和文化的教育,但社会及就业对人才的要求却是多方面的,而涉外旅游专业的服务对象往往是外国游客,更需要学生具备爱国情怀、跨文化交流意识、创新意识、团队合作能力和自我学习的意识。而旅游英语专业的日常教学仍沿用传统的教学模式和方法,对学生的评价也采取比较单一的模式,从而导致学生毕业后难以适应日新月异的市场需求。

(3) 高职旅游英语专业人才的培养途径

高职院校培养的是从事生产、服务、管理等工作第一线的应用型人才,这就决定了高职旅游英语专业就是要把学生培养成"用得上,吃得开"的英语导游和涉外旅游服务人员。结合职业岗位需求和现实困境,旅游英语专业的教学可从以下六方面进行改革。

① 优化课程内容。高职旅游英语专业的课程内容具有职业导向性，教学重点在于培养应用型的旅游英语人才，学生不仅要掌握相关的旅游专业知识，还应具备英语听、说、读、写、译综合技能。课程应重视对学生语言运用能力和旅游职业岗位知识和技能的培养。从涉外旅游市场的需求以及毕业生的反馈信息来看，相当一部分学生的语言能力和综合素养仍然无法达到涉外旅游市场的标准和要求。因此，课程内容应加大对学生听说技能的训练，更新学生的知识结构，拓宽学生的视野。充分利用互联网平台，使学生不再拘泥于教材中的有限知识，而是通过网络资源，接触纯正的英语口语，运用高效的学习方法，了解最新的岗位要求，以适应职业的需求。

② 加强情景模拟实践和训练。高职旅游英语专业的学生可深入校企合作的实训基地，如跟随外国旅游团或去涉外旅游服务机构实习，向有经验的英语导游和工作者学习经验，与外国友人面对面地交流；还可增设校内外英语实践活动如英语沙龙、演讲比赛、英语角、英语辩论赛、（校内或市内）英语导游模拟活动等，使学生的英语运用和实践更具真实性和情境性。同时，可以将课堂教学与实践教学有机结合，尽可能地突出学习者的参与性、教学内容的实用性、教师作用的指导性以及教学方式的实践性。通过课堂内外的多样化活动，充分发挥学生的主体作用和学习积极性，提升教与学的互动性和学习效果，培养学生的职业素养。

③ 提升学生的服务意识。高职旅游英语专业的毕业生从本质上还是属于旅游行业的服务人员，因此他们不仅要具备顺畅交流的英语沟通能力，还应具有"我为人人，人人为我"的服务意识。在涉外旅游工作中，他们可能遇到来自世界各国的游客，游客们的风俗习惯、礼仪规范和表达方式都有所差异。为提供优质的服务，涉外旅游行业人员应对各国的风俗人情都有所了解，并以真诚、热情、细致和用心的服务，为外国游客当好中华文化的传播使者，让他们更好地了解中国和中国的旅游工作者。

④ 培养学生的创新能力。涉外旅游服务业是一个充满活力、充满挑战的行业，复杂和多变的职场环境呼吁创新型的人才。除了让学生身临其境地感受资深导游的工作外，案例教学是培养学生创新能力的重要途径。通过分析成功或失败的涉外旅游服务案例，让学生从案例的解决方案中体会到创新的重要性，并通过自我思考，激发创新的灵感和潜力。创新服务内容，在服务中不断创新，这也是新时代背景下对高素质服务人才的新要求。

⑤ 加大"双师型"教师队伍建设。旅游英语专业是实用性和实践性很强的专业，本专业的英语教师不仅要具有扎实的英语语言功底，还要具备与行业有关的业务知识与基本技能，即"旅游英语"的复合能力，也就是"双师素质"。"双师型"教师能很好地平衡知识传授、能力培养和岗位需求之间的关系，能敏锐地抓住行业发展

的动向,使教学更加贴近实际,使毕业生迅速胜任岗位。因此,高职院校应加强"双师型"教师的培训,并安排专业教师深入旅游企业学习,掌握实际技能。高职院校还可聘请涉外旅游企业高管对教师进行针对性的培训,帮助教师更好地了解涉外旅游市场的最新动态,以便更好地调整教学目标和重点。

⑥ 积极开发校本教材。每个学校的所在地区、就业方向等都有所不同,通用型的教材有时难以满足本地就业的需要,因此学校可结合地方旅游资源的特色,开发适合学生的校本教材。这不仅能更新学生的知识结构和激发其学习自主性,还能为情境训练和实习实训提供训练素材。英语是一门应用型的学科,只有将语言基础教学和旅游专业技能进行有机结合,才能实现知识与技能的统一。因此,校本教材应与时俱进,助力培养涉外旅游服务业所需要的高素质技能型人才。

三、高职英语教材建设情况

(一)高职英语教材建设的基本情况

(1)基础英语教材

在高职英语教学中,较早成立的一批高职院校大多采用的是本科英语教材,如上海外语教育出版社出版的《大学英语》或高等教育出版社出版的《实用英语》,这些教材在内容、形式和难度上都不适合高职院校的学生,缺乏实用性和针对性。后来,高等教育出版社对《实用英语》进行了修订,出版了《新编实用英语综合教程》,其难易度适中,适合高职学生水平。随后,高等教育出版社又出版了地方版的《新编实用英语综合教程》,体现了区域性,更贴近学生的实际生活和知识能力水平。此外,高等教育出版社还出版了《英语》(高职高专版)系列教材,基本上满足了高职院校学生的需求。这些教材在设计和编排上有了不少改变和创新,强调学生语言输入与输出能力的均衡发展,教材内容也与时俱进,注重学生知识结构的更新和语言应用能力的培养。

(2)行业英语教材

高职英语的教材除了基础英语,还有行业英语教材,二者互为补充,各有千秋。外语教学与研究出版社出版的《新职业英语》系列教材获得了很多高职院校的青睐。我国高职行业英语教材的建设目前处于不断发展和完善的阶段,仍有较大的提升空间。各高职院校教师也纷纷抓住时机,对所设专业及各个行业岗位群在校内外展开调研,根据学生的专业方向、就业岗位,与企业行业合作编写工学结合的特色教材。目前,外语教学与研究出版社已出版的《新职业英语》系列教材涵盖了艺术、经贸、IT、化生、汽车、机电、土建、医护、包装印刷等行业领域，但还有很多行业领域没有涉及。很多学校因为还未开发出校本教材而只好使用专业英语教材或相近的行业教材，但都由于专业性太强或行业跨度太大，影响了教学效果。

（二）高职英语教材存在的问题

目前，高职英语教材存在的问题包括：教学内容与职业需求脱节、行业针对性不强、教材更新不及时、配套资源不完善、文化内容融入不足等。部分教材内容对于英语基础薄弱的高职学生来说难度太大，学生在学习过程中感到吃力，容易产生畏难情绪。有些高职英语教材在内容选取上未能充分考虑到不同专业学生未来职业场景中的英语实际应用需求，而随着英语语言和相关行业知识不断更新，导致学生在学习过程中难以将所学英语知识与未来职业技能相融合，不能很好地服务于职业发展。而一些教材过于注重引进国外的教学内容和模式，对中国本土文化、职业场景和实际案例的融入不够，不利于培养学生用英语传播中国文化和解决本土职业场景中英语问题的能力。

（三）加强高职英语教材建设的必要性

2007年年底，教育部高职高专英语类专业教学指导委员会专门针对全国高职高专院校的公共英语教学现状做了比较全面的问卷调查，参与调查的院校有将近200所，收回的有效问卷超过20 000份。调查结果显示：高职院校所使用的公共英语教材在实用性、适用性以及趣味性上对教学过程的支持度很难令人满意（认为实用性与适用性不理想的学生占65%，认为趣味性较差的学生占74%）。

语言学家哈默（Harmer）指出："如果我们希望学生学到的语言是在真实生活中能够使用的语言，那么在教材编写中接受技能和产出技能的培养也应该像在生活中那样有机地结合在一起。"

《高职高专教育英语课程教学基本要求》指出，"高职英语课程是以职场交际为目标，突出职业能力培养，注重培养实际应用英语的能力，特别是听说能力。"高职英语教材的编写应该依据该要求和各校不同专业高职人才培养方案，以工作流程为引导、语言实际运用为重点，强调听说技能，培养学生的语言综合能力。教材作为教学的重要依据，具有一定的编写体例和设计理念，只有将行业英语渗透到整个教学中，才能体现职业性和实用性，提升学生求职的竞争力，实现人才培养目标。

鉴于目前的高职英语教材存在的一些问题，为更好地满足高职英语教学的实际需求，高职英语教材建设有待进一步的改革与优化。

(四)关于高职英语教材建设的建议

(1) 加强教材的适用性

高职院校生源复杂,由三校生(中职、中专、技校毕业生)和普通高中高考学生构成。而中职、中专、技校的教学目标定位有很大差异,导致学生英语水平参差不齐,英语基础普遍较薄弱。再加上很多学生没有养成良好的学习习惯,缺乏学习的积极性和动力,给高职英语教学增加了难度。因此,高职英语教材应考虑到生源和学生英语基础的复杂性,在教材体系、结构、内容和活动设计上尽量兼顾不同学情基础的学生,符合学生的认知水平,以保证最佳的学习效果。

(2) 各单元教学内容要相关联

各单元可以职业主题为主线,以职业岗位为副线,贴近职场,按照工作流程设计各种教学任务和目标,着重培养学生用英语进行思维与表达的能力,帮助他们掌握将来工作中涉外交际所需要的英语语言知识。

(3) 组织形式及编排应有助于培养学生的英语应用能力

能力本位是职业教育的共识。英语课程作为高职院校各专业学生的必修课,既是一门构建知识结构的基础课,又是一门培养语言应用能力、训练职业能力的实践课。公共英语教材在编排时不仅要将英语基础知识、功能知识和文化背景知识呈现给学生,还要设计各种与语言技能相关的任务,着重培养学生用英语进行思考与表达的能力,帮助他们掌握将来工作中涉外交际所需要的英语语言知识。

(4) 加强教材的实用性

高职英语教材应充分考虑学生的实际情况、岗位需求和社会需求,语言实践活动和训练任务应围绕提高学生的英语应用能力和培养学生的职业素养而展开,体现教材的实用性、针对性、可操作性和有效性。

(5) 保障高频词汇的重复率

教材编写应保障高频词汇的复现率。词汇是信息的载体,但如果生词太多,高频词汇在课文中的重复率较低,就会增加学生学习的难度,不仅不利于学生打好基础,而且也会挫伤学习积极性。同时,教材还应提供具有针对性的练习,重现知识点,以便于学生巩固所学内容。

(6) 注重语料的时代性和情境性

高职院校"00后"学生使用智能手机的频率高,喜欢上网关注最新动态,观看英语视频、电影和采访的机会较多。因此,英语教材的话题选择应考虑到学生的兴趣爱好和学习习惯,在语言材料的选取上应与时代接轨,同时做到简单、实用,尽量贴近日常生活和工作。拉近师生之间的距离,课堂教学才会更生动活泼、趣味盎然。

综上所述,高质量的教材是培养高质量工程师、高级技工和高素质职业人才的基本保证。要大力发展高等职业教育,就要求我们必须进行教材建设和改革。"工欲善其事,必先利其器。"教材不仅是一种教学工具,同时也是教学目标、教学理念和教学方法的体现。高职英语教师和教学研究者应认真分析目前教材中存在的问题,结合高职英语教学目标和高职学生特点,从分析人才的社会需求入手,根据从事岗位工作需要的综合能力与相关的专项能力来确定教材编写内容,确保其内容体现综合性、生活性、现实性、实践性、趣味性和时效性等特点。这样才能使高职英语教材建设和改革得到提升,进一步推动我国高职教育的发展。

四、高职英语课程思政建设情况

(一) 课程思政背景与内涵

1. 课程思政的背景

2017年5月,习近平总书记主持召开中央全面深化改革领导小组第三十五次会议并发表重要讲话。会议审议通过了《关于深化教育体制机制改革的意见》并指出,深化教育体制机制改革,要全面贯彻党的教育方针,坚持社会主义办学方向,全面落实立德树人根本任务。同年12月,教育部发布《高校思想政治工作质量提升工程实施纲要》,提出构建课程育人质量提升体系,大力推动以"课程思政"为目标的课堂教学改革。2018年5月,习近平总书记在北京大学师生座谈会上指出,人才培养一定是育人和育才相统一的过程,而育人是根本。人无德不立,育人的根本在于立德。同年9月,全国教育大会召开,习近平总书记提出:"要把立德树人融入思想道德教育、文化知识教育、社会实践教育各环节,贯穿基础教育、职业教育、高等教育各领域","要在坚定理想信念上下功夫,要在厚植爱国主义情怀上下功夫,要在加强品德修养上下功夫,要在增长知识见识上下功夫,要在培养奋斗精神上下功夫,要在增强综合素质上下功夫。"2020年5月,为贯彻落实习近平总书记关于教育的重要论述和全国教育大会精神,贯彻落实中共中央办公厅、国务院办公厅发布《关于深化新时代学校思想政治理论课改革创新的若干意见》,教育部发布《高等学校课程思政建设指导纲要》,全面部署和推动高校课程思政建设,提出:"让所有高校、所有教师、所有课程都承担好育人责任,守好一段渠、种好责任田,使各类课程与思政课程同向同行,将显性教育和隐性教育相统一,形成协同效应,构建全员、全程、全方位育人大格局。"

2. 课程思政的内涵特征

课程思政指以构建"三全——全员、全程、全课程"育人格局的形式,将各类课程与思想政治理论课同向同行,形成协同效应,把"立德树人"作为教育的根本任务的一种综合教育理念。课程思政是新时代高校思想政治工作的创新之举,是培养社会主义建设者和接班人的重要举措,体现了社会主义高校的办学方向和育人理念。

（1）课程思政是体现中国特色社会主义高校特征的重要内容

课程思政就是要进一步巩固马克思主义在高校意识形态的指导地位、坚持社会主义办学方向的重要阵地,是贯彻落实党的教育方针、落实高校立德树人根本任务的重要途径。课程思政就是要在课程建设中回答"培养什么人、怎样培养人、为谁培养人"这一人才培养的根本问题。这就要求有鲜明的主流意识形态价值观引领,将思想政治教育元素融入各门课程中,寓价值观引领于知识传授和能力培养之中,通过社会主义核心价值观教育,潜移默化地影响学生的思想意识、行为举止,培养塑造学生正确的世界观、人生观、价值观。课程建设着力于两条主线,既要把好学科专业关,反映课程最新发展成果及教学改革成果,又要把好思想关,突出立德树人,弘扬社会主义核心价值观。

（2）课程思政是一种"全员全过程全方位"育人的教育理念

课程思政并不是一门课,而是一种"三全育人"的教育理念,它强调将育人理念贯彻到高校教育教学的全过程。课程思政要求所有高校、所有教师、所有课程都承担好育人责任,要发挥好教师队伍"主力军"、课程建设"主战场"、课堂教学"主渠道"的作用,将显性教育和隐性教育相结合,形成协同效应,构建全员、全程、全方位育人的大格局。课程思政通过挖掘各类课程的思想政治教育元素,系统组织思想政治教育资源,形成思想政治教育合力。

（3）课程思政与思政课程的关系

课程思政和思政课程都是落实高校立德树人根本任务的重要形式,它们有着共同的教学目标——对学生进行思想政治教育,但它们的性质却截然不同。课程思政是教学体系,是大思政观的具体体现,它旨在发掘公共基础课、专业课中的思想政治教育元素,如爱国主义、职业道德、职业精神、理想信念、法治精神等,并通过课堂教学和实践活动,潜移默化地对大学生开展思想政治教育,以达到春风化雨、润物无声的教育效果。思政课程是课程体系,在高校大学生思想政治工作中发挥着引领作用,关系到"培养什么人,走什么路,跟谁走"的根本问题,必须坚持马克思主义的指导地位,大力开展社会主义核心价值观教育,加快推动习近平新时代中国特色社会主义思想"三进"。思政课程要为课程思政指引方向,课程思政为思政课程提供全面支撑。思政课程要为课程思政提供理论指导,课程思政为思政课程提供案例、素材。两者相互补充,相互促进,共同构成高校大学生思想政治教育体系。

3. 高职英语课程思政的必要性

英语既是一种文化交流工具,又是一个西方国家文化传承的载体。英语对于我国学生而言并非母语,在学习英语的过程中无法避免外来文化与本土文化的碰撞。因此,加强中国特色社会主义核心价值观教育和中华优秀传统文化教育,坚定本土文化自信是高校英语教育必须传递的声音。

(二)高职英语课程思政建设现状与存在的主要问题

高职英语课程作为高职院校一门重要的公共基础课,具有教学时间较长、覆盖学生面广和思想政治教育元素丰富的特点,因而是高职院校课程思政的重要阵地。

随着课程思政理念的推广,教师们开始认识到英语课程不仅是语言技能的传授,也承载着育人的重要功能。高职院校已经开始在英语课程中进行课程思政的初步探索和实践,在教学目标、教学内容、教学方法等方面融入思政元素。国家对课程思政高度重视,为高职英语课程思政的实施提供了政策指导和支持。但目前高职英语课程思政建设仍然存在以下问题。

1. 教师思政能力不足

部分英语教师对思政教育的理论和方法了解不够深入,将思政元素有机融入英语教学的能力不强,在挖掘英语课程中的思政元素以及如何巧妙融入教学环节方面存在困难。

2. 教学目标融合度低

部分教师在制定教学目标时,未能将英语语言教学目标与思政教育目标充分融合,存在"两张皮"现象,导致思政教育在英语教学中难以真正落地。

3. 教学内容挖掘不深

在英语教材中,思政元素的挖掘和拓展不够深入,在内容选择上缺乏针对性和时代性,难以引起学生的共鸣和激发学生的兴趣。

4. 教学方法单一

在课程思政实施过程中,教学方法较为单一,以传统的讲授式为主,缺乏创新性和多样性,难以激发学生的学习积极性和主动性。

5. 评价体系不完善

课程思政的教学效果评价体系尚未建立健全,缺乏科学合理的评价指标和方法,难以准确评估课程思政的教学质量和效果。

6. 协同育人机制不健全

英语课程思政的实施需要学校各部门、各学科的协同合作,但目前协同育人机制还不够完善,各部门之间的沟通不够顺畅,难以形成育人合力。

(三) 高职英语课程思政开发与实施

1. 高职英语课程开发

(1) 以成果为导向设定高职英语课程思政目标

根据成果导向教育理论(Outcome Based Education,OBE),内外需求是确定高职英语课程思政教学目标即学生学习成果的依据。高职英语课程思政教学目标要根据国家、社会、学校和个人发展的需要,以《基本要求》和学校专业人才培养方案为指导,结合高职英语课程的特点,将德育和素质培养要求贯彻到高职英语课程体系、课程教学标准中去,突出问题导向,采用嵌入式育人方式,在学生掌握英语语言知识和语言技能的同时,引领正确价值观厚植家国情怀、坚定文化自信、培养工匠精神、提升国际素养。

① 引领正确价值观。高职英语课程建设要认真贯彻落实立德树人根本任务,全面推进课程思政建设,寓价值引领于知识传授和能力培养之中,帮助学生树立正确的世界观、人生观和价值观。

② 厚植家国情怀。进一步融通中外文化,突显中国元素,实现话语方式转变,让课程思政润物无声,开展中华文化传统教育,着力引导学生坚定文化自信,传递中国声音,厚植家国情怀。

③ 坚定文化自信。高职英语教学要以"立德树人、服务国家"为导向,以"坚定文化自信、提升跨文化能力"为理念,在课程教学中融入中国元素。学生通过中外比较的视野认识西方文化,正确认识西方话语的立场和意识形态盲区,进而加深对中外文明差异的认识,既能从历史中辩证地审视西方文化,关注和辨别其语义意识形态性,又能提升其自我文化的认知能力,坚定文化自信,牢固树立正确的政治方向和坚持社会主义意识形态价值观。

④ 培养工匠精神。通过高职英语教学,培养学生精益求精的大国工匠精神和敬业爱岗的劳动精神,努力培养符合时代需要的高素质技术技能人才,以服务国家

的建设和发展。

⑤ 提升国际素养。引入人类命运共同体思想,强调世界文化的多样性和不同文明之间的互鉴。依托高职英语课程的独特优势,培养学生的跨文化交流能力和立足中国、放眼世界、开放包容、合作共赢的人类命运共同体意识。

(2) 以成果为导向反向设计高职英语课程思政教学内容

学习成果确定以后,就要根据课程教学反向设计原则,选择确定高职英语每门课程、每个单元的教学内容,并使之与学习成果相对应。高职英语课程思政包含以下重点内容。

① 推进习近平新时代中国特色社会主义思想进教材、进课堂、进头脑。将《习近平谈治国理政》的英文版引入高职英语课程教学,结合课程教学,围绕当代国际、国内热点问题,向学生宣传习近平治国理政重要思想,引导学生了解世情、国情、党情、民情,增强对党的创新理论的政治认同、思想认同、情感认同,坚定"四个自信"。

② 开展社会主义核心价值观教育。在高职英语教学中,要科学地融入社会主义核心价值观的内容,并与西方的价值观进行对比分析,使学生更好地理解社会主义核心价值观的先进性,从而将社会主义核心价值观内化为精神追求、外化为自觉行动。

③ 引入中华优秀传统文化教育。"讲好中国故事,传播中国文化"是新的高职英语课程标准对本课程的要求,教师应合理补充和增加中华传统文化的内容,适时地对学生进行中国优秀文化和传统文化的教育,引导学生传承中华文脉,富有中国心、饱含中国情、充满中国味,厚植家国情怀。同时,教师应有针对性地训练学生对中国文化历史、价值观、思维方式与行动方式的外语表达能力,推动中华文化"走出去",从认知与表达两方面消除学生的"中国文化失语症"。

④ 深化职业理想和职业道德教育。要充分挖掘和使用好高职英语教学中"职业素养"元素,教育和引导学生深刻理解并自觉实践各行业的职业精神和职业规范,增强职业责任感,崇尚大国工匠精神,培养遵纪守法、爱岗敬业、无私奉献、公平公正、开拓创新的职业品格和行为习惯。

⑤ 强化国际素养和跨文化交流能力教育。要将习近平主席的大国外交思想贯彻到高职英语教学过程中,结合国际热点问题,使学生深刻理解"一带一路"倡议、构建人类命运共同体等重大外交思想的深刻意义,进一步坚定"四个自信",提高对世界多元文化的分析鉴别能力和讲好中国故事、传播好中国声音、阐释好中国特色的能力,提升跨文化沟通和交流水平。

(3) 以成果为导向创新高职英语课程思政教学方法

成果导向教育强调学生学到了什么,会做什么,在做中将成果显性化和具体化,鼓励批判性思考、沟通、推理、反馈和行动。在高职英语教学中,教师要引导学生理解教材、指导学生组织课程小组等,使学生感知"应该学什么",并从自身的内外部需求出发,主动地探究、创造、实践,而不是被动地聆听和接受,以培养学生多方面的能力。为了使高职英语课程思政达到润物无声、潜移默化的教育效果,教师应强化教学设计,丰富教学内容,创新教学方法,拓展育人渠道。

① 采用问题引领教学法。高职英语教师要不断拓展学生的学习领域,让他们了解我国国情,树立全球意识,拓宽国际视野,提高跨文化理解和交流能力,并从实践层面通过作业和课后问答等,训练和检验他们的国际素养和跨文化交流能力。在"互联网+"的教学模式下,英语教师可以在课前通过问卷调查、线上讨论等形式了解学生的思想动态,同时给学生发放和补充与语言教学内容相关的富含思政元素的音频、视频、文档、慕课、微课材料供学生自主学习,为学生创设真实情境,呈现真实故事,把国际、国内的大事转变为课堂学习讨论的"身边事",激发学生产生解决问题的欲望并主动探求解决问题的办法。英语教师要利用现代教育技术创设有关中西方文化对比的真实情景,让学生进行交流和互动。英语教师要采用启发提问的形式,引导学生正确分析中西方文化的背景以及意识形态上的差异,引导学生在尊重外来文化的同时,坚定对中华文化的自信。英语教师要以问题为导向,着眼于培养学生思考问题的能力,致力于提升他们的创新思维和拓宽他们的文化视野,让学生在了解与熟悉西方文化的同时能够批判地加以借鉴与运用。

② 采用线下线上混合教学方法。随着"互联网+"技术在教学中的应用和融合,高职英语课程可以通过在线开放课程建设和翻转课堂的教学实施,使课程思政教育以一种全新的形式呈现,从而提升教育效果。依托互联网,建设基于OBE教育理念的"学习者—课程思政资源—课程思政学习产出"三位一体的系统性在线开放课程模式,使高职英语课程思政教学从传统的单一课堂讲解教学模式发展为线上线下相结合的多模态课堂教学模式。教师可以充分利用多媒体网络技术,开发与教学内容相匹配的课程思政教学内容,有计划地将中华优秀传统文化中的历史典故、经典作品、优秀人物、风土人情等融入教学中。通过在线活动、小组讨论、汇报展示、演讲辩论等线上线下相结合的教学形式,激发学生对中西方文化进行深层次分析,提高学生批判性思辨能力和跨文化交流能力,使他们正确理解语言与文化的关系,正确认识和评价世界多元文化,增强文化自信。

③ 开发丰富多彩的第二课堂,提高课程思政成效。第二课堂具有形式不拘一格、内容丰富多彩、学生喜闻乐见等特点,因此是培养学生社会主义核心价值观、提高学生综合素质的重要载体和途径。高职英语教师可以开展形式多样的外语课外活动,如英语演讲比赛、英语写作竞赛、英语角、英语情景剧表演、外语文化活动月(周)等,吸引广大高职学生参与其中。为了达到课外活动的育人目的,英语课外活动的设置可依据OBE教育理念,首先设定课外活动学习成果,然后设定课外活动教育目标,最后反向设计课外活动内容和实施方法。高职英语教师要将思政要素贯彻到课外活动内容设计、活动实施等各个环节,如英语演讲、写作、辩论比赛的主

题选择要符合课程思政的育人要求,突出时代性、文化性和思辨性,以培养学生中西方文化辨析能力,对中国治国理政的政治认同和思想认同,深化对社会主义核心价值观的理解,进一步增强理想信念。

2. 高职英语课程思政实施

(1) 加强学校课程思政顶层设计

课程思政无论对于教育、对于高校、对于专业、对于课程,还是对于教师,都是应有之义,课程思政是当前人才培养改革的热点、重点和难点,需要顶层设计。高职英语要实现课程思政改革目标,落实立德树人的根本任务,首先要从宏观层面加强顶层设计,提升课程管理水平。

① 加强师德师风建设,提升教师课程思政意识。在高校、院系和基层教学组织等多个层面开展课程思政教学改革思想大讨论,深入贯彻落实教育部《高等学校课程思政建设指导纲要》,全面提高高职英语教师课程思政建设的意识和能力。扎实推进师德师风建设,把师德师风作为评价教师队伍素质的第一标准,努力践行《新时代高校教师职业行为十项准则》,在课程思政建设考核评价中实施师德师风"一票否决"。

② 强化课程思政理念,更新高职英语课程标准。要从高职英语课程标准更新入手,结合时代背景、国家要求、社会需求和课程特点,明确高职英语课程具有工具性和人文性的双重课程性质,突出课程的人文教育属性,明晰高职英语课程思政目标,增加课程思政教学内容,优化课程思政教学方法,完善课程思政德育评价体系等,并将课程思政教学理念贯彻落实到高职英语教学目标制定、教学内容选择、教材更新补充、教学效果评价等各个环节。

③ 强化课程组织实施,确保课程思政落到实处。高职院校教务部门要加强对高职英语课程标准的审核工作,坚持德育智育并重原则,从课程思政角度全面核查课程标准设计的综合性、科学性和可行性,以促进高职英语课程与思政课程同向同行,形成协同效应,使高职英语课程思政的实施在源头上得到强化和保障。高职英语教学部门要精心组织实施高职英语课程思政建设,对英语教师的课程设计、授课计划、单元设计、课堂设计等中观和微观的课程实施方案进行认真细致的督查,重点督查立足课程思政的教学内容、教学方法、评价方式的选择和优化,以确保高职英语课程思政取得预期效果。

④ 完善课程评价机制,激发教师课程思政激情。科学的教师评价体系能产生正确的导向作用,不仅可以促进教学提升专业水平和教学水平,而且可以激发教师的工作积极性,促进教师更好地发展。目前对高职英语教师的评价主要从教师所教班级学生英语考试成绩、英语考级考证通过率、教师参与教学大赛获奖情况和指导学生参加英语技能大赛的成绩等方面来考核,主要是针对高职英语课程工具性

的教学目标完成情况来评价教师的教学水平和教学质量,而对于高职英语课程的人文属性这一教学目标的考核尚未形成具体的标准,因而在实际中也难以进行有效的考核评价。因此建立健全基于智育和德育目标实现的双重评价机制,有利于强化高职英语教师对课程思政重要性的认识,激发教师参与课程思政工作的积极性,从而促进高职英语课程思政的有效实施和持续发展。

(2) 提升教师的课程思政能力

传道者,首先自身必须明道、信道。教师只有学习并领会了马克思主义基本原理及其中国化理论、社会主义核心价值观,具备扎实的专业知识、突出的教学能力、优秀的人文素养、深厚的育人情怀和爱岗敬业的职业精神,才能做到言传身教和为人师表,给学生传递正确的价值观和方法论,从而引导和帮助学生构建正确的世界观、人生观和价值观。

① 加强思政理论学习,提升思想政治素质。教师只有加强对人文知识的学习和人文精神的理解,特别是对中华优秀传统文化的学习、掌握和感悟,才能真正做到知行合一,从而促进学生健全人格的逐步养成。因此,高职英语教师必须加强自身的政治理论学习,提高课程思想政治站位;要深入系统学习习近平新时代中国特色社会主义思想、社会主义核心价值观、马克思主义基本原理等思想政治理论,全面提升思想政治素养。

② 增强育人责任意识,提高课程思政认知。高职英语教师要消除外语教学与学生思想政治教育无关的错误观念,认真学习贯彻教育部有关课程思政建设的工作部署和要求,进一步增强课程育人的使命感和责任感;要充分认识高职英语课程思政育人的重要性和教育价值,在高职英语教学中有意识、有计划、有步骤地嵌入课程思政教育元素,发挥好高职英语课程思政在高职院校育人工作中的重要作用;要真正使课程思政成为高职英语教师的思想自觉和行动自觉,实现育才和育人的有机统一,从而为高校实现立德树人根本目标作出应有的贡献。

③ 强化课程思政训练,提升课程思政能力。一是要开拓多种途径,提高课程思政资源开发能力。高职英语教师首先要提高政治站位,提升课程思政育人的自觉性,高起点培养课程思政资源开发能力。要从课程标准的顶层设计上规划好高职英语课程思政的体系框架,设计好课程思政的重点内容和在各章节中的课程思政元素的嵌入分布,再由英语教师根据课程思政内容框架体系,逐章逐节选择、开发课程思政的元素和实施方案。

二是要创新课程思政教学方法,提高课程教学效果。高职英语教师要根据不同教学任务和教学内容的特点,因地制宜地选择不同的教学方法和教学形式,提高英语课程的课程思政育人效果。英语语言知识技能的教学和课程思政教学在教学目标和教学内容上有很大差异,因此,教师需要采用不同的教学方法。对于语言知识传授和语言技能训练,教师可以采用讲授、练习、实践等教学方法,而这些方法在课程思政教学中往往难以达到满意的教学效果。因此，教师需要根据高职英语课程的特点，基于启发式和探究式教学理念，采用案例分析、分组讨论、汇报展示、总结点评等教学方法，鼓励学生辩证分析现象、思考问题、表达观点、明辨是非，培养学生的综合人文素养、跨文化思辨能力和批判性思维能力。通过中西文化对比和辩证分析，促进学生社会主义核心价值观的形成和对中华优秀传统文化的理解和热爱，进一步坚定"四个自信"。

三是要加强团队合作，发挥课程思政教学合力。为了保障课程思政顺利开展和有效推进，必须加强组织领导和团队建设。在学校层面要建立课程思政领导小组，统筹协调推进全校的课程思政建设工作。由学校教务处牵头、马克思主义学院协助对全校各专业教学标准进行修订，明确和落实专业教学标准，落实课程思政的各项要求。外语教学部门要贯彻课程思政的目标要求，组建课程思政教学团队，发挥好团队的作用，开展课程思政集体备课，制定与专业教学标准匹配的高职英语课程标准，开发高职英语课程思政教学资源，将课程思政目标落实到高职英语教学的各个环节，实现立德树人的根本任务。高职英语教学团队要加强与学校思政课教师团队的沟通与合作，组建混合教学团队，发挥思政教学资源的引领和指导作用，以提升高职英语课程思政的思想性、针对性和有效性。

（3）开发英语课程思政教学资源

课程思政教学资源的开发必须根据教育部对高校课程思政建设的总体要求并结合高职英语课程的特点来开展。高职英语具有文化性、职业性和国际性三大特点，既是承担中外人文知识、素质培养和世界观、人生观、价值观培养的文化素质课，又是训练培养学生职场外语应用能力和职业技能的实践课，也是拓展学生国际视野和跨文化交流能力的国际化课程。目前，对高职英语学生培养主要分为基础英语、职场英语、行业英语和拓展英语等模块。高职英语课程思政资源开发要根据各模块的具体性质和内容差异化开展，并从课程整体上覆盖高职课程思政的主要领域，发挥高职英语课程思政独特的育人功能，重点培养学生的家国情怀、职业精神和国际意识。

基础英语模块。基础英语模块是高职院校各专业共同开设的英语模块，该模块的主要目标是进一步提高英语语言知识水平、英语应用能力和人文素养。高职基础英语模块作为传授英语语言知识和西方文化的课程，是开展学生人文素质教育的重要载体，其课程思政重点是提高学生对西方文化的分析鉴别能力，增强中华文化自信，培育和践行社会主义核心价值观。在教学中，高职英语教师通过增加中华优秀传统文化和西方文化对比的学习内容，使学生正确认识中西方文化的差异以及了解其产生的原因，辩证地看待西方社会和文化的利与弊，吸取其精华，剔除其糟粕。

职场英语模块。高职英语职场模块主要培养学生在职场中应用英语的能力，同时也承担着课程思政的教育任务,即培养学生的职业精神。职业精神是人们在长期的职业实践中培育的并为职业界认可的职业情操,包括人们对职业的价值观、职业态度、职业责任和职业道德等综合形成的精神品质。不同专业的学生,未来会从事不同的职业,这不仅需要培养学生通用的职业素养,如工业文化、工匠精神、劳模精神、敬业精神等,还需要结合不同行业的要求,学习和培养该行业的核心精神,并内化为自身的自觉行动。

行业英语模块。以南京铁道职业技术学院为例,学院有轨道交通专业大类、经贸专业大类、IT专业大类、艺术设计专业大类等。这些不同的专业大类对职业精神有不同的标准和要求,高职英语教师在行业英语教学中要结合行业特点,利用相关的课程思政素材培养学生该行业领域的职业精神。例如,对于高铁专业的学生,教师在授课时要结合轨道交通行业英语教学内容,向学生重点介绍"大国工匠精神""火车头精神""高铁精神"等职业精神内涵,培养学生的敬业精神、工匠意识、品牌意识、责任意识和民族自豪感。

拓展英语模块。本模块主要根据学生综合素质发展需要开设高职英语口语、高职英语写作、高职英语翻译、跨文化交流、生态保护与可持续发展等课程,提升学生的全球视野、开放合作、绿色发展和跨文化交流能力。通过拓展英语课程,使学生具备全球眼光,崇尚坚持多边主义、加强国际合作、构建人类命运共同体、促进世界共同发展的新时代国际化理念。

(4)建立线上线下多元化课程思政学习途径

目前,高职院校的信息化教学发展迅速,信息化教学条件有了明显改善,信息化教学资源不断扩展,信息化教学方法得到广泛的应用。高职英语课程思政要提升课程思政教育效果,就必须充分应用信息化教学手段,采用"互联网+"教学模式,用好信息化教学平台和在线开放课程,以慕课、微课、多媒体教学等多种形式,把教师的课程教学与网络学习平台的学生自主学习有机结合起来,发挥混合式教学模式的优势,更好发挥课程思政教学中教师的主导作用和学生的主体作用,使教和学形成多元互动与互补,提升课程思政的育人效果。

第六章 "互联网+"背景下的英语自主学习监控理论

一、"互联网+"背景下的英语自主学习监控

(一) 学习监控的定义及特征

《现代汉语词典》对"监控"的定义包含两层意思：监测和控制（机器、仪表的工作状态等）；监督与控制。在英语里，"监控"对应的词是"monitor"，《牛津英语大词典》给予"monitor"三种不同的释义：check or regulate the technical quality of(a radio transmission, television signal); listen to and report on (radio broadcasts, telephone conversations, etc); observe, supervise. Keep under review, measure or test at interval, esp. for the purpose of regulation or control。在《辞海》中，"监控"是指"用来提高可靠性、在发生故障时自动保持正常工作的方式"。董奇等也给"监控"下了定义："所谓监控，顾名思义，'监'是监视、监督、监察、反馈的意思，'控'则是控制、指挥、调节、调整的意思。二者结合起来，'监控'的含义是给予监视反馈并予以控制调节。"对学习的反馈就是对学生的学习进行引导并给予客观评价，因此学习反馈也属于监控的范围。

从现代信息科学的角度来看，监控指的是通过检查、考核、评比、总结等形式和手段，按照计划规定的目标、政策、原则等，及时收集被监控主体与活动进展相关的种种信息。学习监控是指为了保证学习成果、提高学习效率和质量、达到学习目的，从而对学生的学习活动进行计划、检查、评价、反馈、控制和调节的一系列过程。

从哲学角度来看，人的认识和实践活动都是由主体和客体共同构成的。主体是指人与周围世界相互作用过程中的社会实践者及行为的主动发起者、改造者和

控制者。客体指的是主体实践活动指向的对象,是纳入主体活动范围、结构,从而与主体发生现实关系的客观存在。在客观实践活动中,社会实践活动的主体不可能独立存在,而是与认知和实践对象的客体同时存在的。监控作为人类认知的一种智能活动也是由主体和客体共同构成的。实施监控的就是监控主体,监控的主体是控制者,被监控的对象就是监控客体,是被控制和被改造的对象。

自主学习监控是一种智能活动,它监控的是学习者的意识活动。这一监控对象具有特殊性,主要表现在两个方面:一是监控对象具有能动性。在自主学习过程中,监控的对象是学习者,他们能自主设定学习目标,积极选择学习内容,采取有效的学习策略,还能自我监控与调节。学生的这种能动性并不因为他们作为监控的对象而消失或改变。相反,这种能动性对监控的主体教师或其他对象产生影响。二是监控对象的主、客体地位可以相互转换。学生作为监控的客体地位并非一成不变,而是随着时间的推移,在条件成熟时,可与监控主体实现互换。由外部监控(他控)转变为自我监控(或自控)是学生自我发展的规律之一。当学生的学习活动逐渐由他控转变为自控时,学生就变成了监控的主体。人的自我监控能力的发展要经历一个多维动态的发展过程,一般来说,这个过程通常会经由他控到自控、由不自觉到自觉、由单维到多维、由局部监控到整体监控的过程。这样的动态发展规律是由自我监控的本质和学生的身心发展规律决定的。

"互联网+"背景下英语自主学习监控是为了提高英语学习效果,达到英语学习目标,在外语学习活动的全过程中,将正在进行的学习活动作为意识对象,不断地对其进行的积极的、自觉的计划、监察、检查、评价、反馈、控制和调节。

英语自主学习监控按学习活动发生的先后顺序可以分为以下三种。一是学习前的监控,指的是在学习活动开始前,分析英语学习任务与环境条件、确立学习目标,并据此安排学习步骤和选择学习方法。二是学习中的监控,指在自主学习活动中,监控英语自主学习进程,反馈和调整学习行为。三是学习后的监控,指在学习活动结束之际,检查、评价学习效果,并通过反思采取相应的补救措施;在学习活动结束后,则对英语学习活动进行总结性分析与评价,并将其作为今后学习活动的基础。

英语自主学习监控,按其监控的不同维度可以分为五种:一是对学习目标与计划的监控,二是对学习内容的监控,三是对学习时间的监控,四是对学习过程的监控,五是对学习结果的评价、反思与总结。

(二)自主学习监控路径

英语自主学习的监控,按其监控路径及监控的主客体是否同一,可以将学习监控分为内部监控和外部监控两种。其中,内部监控也可以叫作自我监控,主要是指学习者以自己正在进行的学习活动为意识对象,不断对其进行监控和调节的活动,包括对自身学习活动的计划、监察、检查、评价、反馈、控制、调节等一系列过程。而外部监控则是指教育管理者、教师或学习同伴通过一些传统评价手段或网络媒介及技术平台所进行的监控活动,如通过对学习情况的评价、反馈、调节、强化等手段来影响学习者的学习过程,从而促使其进行有效监控的学习。在自主学习监控过程中,内部监控(即内控)是监控的内在动力与监控主体,外部监控则必须通过培养学习者的自我监控意识和监控能力才能发挥作用。外部监控可以促进学生内部监控能力的提升,但真正起关键作用的还是学习者的自我监控。没有外部监控,学生的内部监控难以产生最大效益;但离开了内部监控,外部监控的促进作用也难以产生。因此,只有内外监控相互作用,才能共同促进学习者自主学习意识和自主学习能力的提升。

1. 内部监控

内部监控也叫内控或自我监控,主要是指监控的主体和监控对象为同一个体的监控。在自我监控过程中,学生是监控的主体。学生的自我监控本质上是一种自我意识。自我意识是人对自身及对自己同客观世界关系的意识,这种意识活动形式也是人的心理区别于动物心理的一大特征。自我意识能反映个体自身的愿望、态度和能力的倾向,同时也能反映主客体之间的关系,发挥其反映活动的能动性质,改善其同客观现实相互作用的地位,增强其改善客观世界的力量,从而使人类成为所生存其中的现实世界的主人。学生在自我监控过程中成为监控的主体必须具备一定的先决条件:学生具有一定的自我意识;掌握了一定的自我监控知识,含元认知监控知识和认知监控知识;有一定的自我监控体验,对实际自我监控具有一定的理解和感情。

(1) 自我监控的构成因素

张向葵分别从静态和动态的角度考察了自我监控的构成要素。

• 从静态角度,分为自我监控知识、自我监控体验和实际自我监控。

一是自我监控知识。所谓自我监控知识,是指有关自我监控的知识与经验。学习者在自我监控过程中通常会思考以下问题:有哪些因素会影响人的实践过程与实践结果?这些因素是如何起作用的?诸因素之间有何关系?怎样才能控制和调节自己的学习活动?自我监控知识由三方面的知识构成:有关实践主体方面的知识,以及有关人(包括自己,也包括他人)、认识者、思维者和行动者的实践主体的一切特征的知识;有关实践材料和实践任务方面的知识;有关实践策略方面的知识。

二是自我监控体验。所谓自我监控体验,是指学习者在学习实践活动中的认知体验或情感体验,它既包括"知"的体验,又包括"不知"的体验。自我监控体验在所经历的时间上可长可短,在内容上则可繁可简。

三是实际自我监控。实际自我监控是指学习活动主体在进行学习实践活动的全过程中,将自己正在进行的学习实践活动作为意识对象,并不断地对其进行一系列积极的、自觉地监察、控制和调节的行为。实际自我监控贯穿于学习主体整个学习实践活动的始终,通常包括确立学习目标、制订学习计划、调控学习过程、检查与评价学习结果、采取补救措施等环节。

自主监控知识、自我监控体验及实际自我监控虽然各自的性质不同,且特征各异,但三者之间互相依赖、互相关联和互相制约。其中,自我监控知识是学习者在学习实践活动中进行实际自我监控的基础与前提,有助于学习者在学习实践活动中对学习活动进行有效的监控和调节,如指导学习者自觉、有效地选择、评价与修正学习实践活动的行动目标和学习策略。自我监控体验是情感因素的重要组成部分,对学习者的自我监控知识和实际自我监控有着非常重要的推进作用。通过学习者的自我体验,学习者可以不断补充、删除或修改原有的自我监控知识,即通过建构主义理论所倡导的同化或顺应机制来发展与积累学习者的自我监控知识,在对学习者的学习实践活动的监控过程中,自我监控体验有助于人们修改或放弃旧的学习目标。一方面,实际自我监控离不开自我监控知识、自我监控体验、实践目标和行动策略的相互作用;另一方面,学习者自我监控知识的获取,大多来源于对实践活动进行监控、调节的过程。

- 从动态角度,自我监控划分为三个阶段。

一是学习活动前的监控。这个阶段的监控主要是指学习者对自身学习活动的计划与准备。计划指学生在学习活动开始之前对自己即将开展的学习活动的规划与安排,如确定学习内容、设计学习方式、安排学习时间等;准备则指的是学生在学习活动开始之前为学习活动所做的各种具体的工作,如提前备好学习用具、创设良好的学习环境、调节好学习情绪、备足学习精力等。

二是学习活动中的监控。这个阶段的监控主要涉及学习者的意识、选择与执行。所谓意识,是指学习者在学习活动过程中要确立明确的学习目标、学习对象和具体任务。所谓选择,指的是学生在课前预习、上课、作业、复习等学习活动中应该具备一些基本的策略意识,懂得怎样去选择并运用恰当的学习策略,即懂得认知策略和元认知策略的综合利用。所谓执行,指的是学习者在学习实践活动中能够控制自己并尽力去排除各种学习干扰因素,认真执行预先制定的学习计划,以确保学习实践活动的顺利进行。

三是学习活动后的监控。这个阶段的监控主要涉及对学习活动的反馈、补救、总结等措施。反馈指的是学习者在学习活动结束后对自己的学习状况及效果进行及时检查、客观反馈与评价。所谓补救,指的是学习者在学习活动结束后能根据学习反馈结果对自己所进行的学习活动采取一定的补救措施,如一旦学生发现某些学习内容学得不够好,就会多花时间去学并调整学习方法,直到学好为止。所谓总结,指的是学习者在学习活动结束后,能认真思考和总结学习的经验与教训,不断的修正及完善自己的学习方法和学习策略,使自己的学习更加有效。

(2)自我监控的作用

• 自我监控有助于学习效率的提升。

信息加工理论认为,学习过程实际上是信息加工的过程。依据信息加工理论,任何一个信息加工过程都是由动力系统、执行系统和监控系统三个系统构成的,学习过程就是一个信息加工过程,任何学习过程都有以上三个系统介入。在学习过程中,"期望"和"执行控制"最为重要。"期望"是学习过程的动力系统,执行系统是学习过程的监控系统。监控系统对整个操作过程进行监视与调控,以保证信息加工的正常进行。在监控系统中,最重要的因素就是学习者的自我监控。自我监控的发展水平可以直接制约一个人的智力活动,同时也反映一个人的思维能力和智力水平的高低。在学习活动前,学生可以根据不同的学习阶段设定合理的学习目标。在学习活动中,学生则根据学习活动的要求,制定科学合理的学习计划,选择合适的学习策略,实时监控学习过程,评价学习效果,并坚持或及时调整学习方法,以获得更佳的学习效果。一般来说,学习能力强的学生对学习的自我监控水平也普遍较高,也就是说,学习能力强的学生通常掌握了较多的有关学习、学习情景和学习策略等方面的知识,他们比较善于制定计划、监控自己的学习过程、评价学习结果,而且能够灵活地应用各种学习策略,最终实现特定的学习目标。

• 自我监控有助于学习者个体的自我发展。

马斯洛(A. H. Maslow)的需求理论表明,个人发展的最高境界是自我实现。张向葵认为,在学习者个体的自我发展过程中,自我监控是学习者个体自我发展和自我实现的基本前提和根本性保障。其原因主要体现在两个方面:一方面,学习者的自我监控作为一种高智能的意识活动,能够使学习者个体不断地对其学习实践活动进行自我反省,如果学习者个体具有一定的自我监控知识,积累了丰富的自我监控体验并具备自我监控的能力,就能够积极主动地对自己进行比较客观的自我审视和自我反省,制订个人的行动计划,而这些恰恰是个体自我发展、自我实现的前提。另一方面,学习者个体的自我监控能使其不断地进行自我调节和修正。在这种自我发展的过程中,有时候学习者个体所设定的目标与客观实际可能会因客观因素的影响而呈现不一致的情况,如果他们不能及时调整,那么必定会影响学习者个体的自我发展。在学习者个体自我发展和自我实现的过程中,无论是目标的设定、方向的确立、计划的制订与执行,还是具体行为、行动策略的选择、实施、调整等活动,都离不开学习者的自我监控,可以说,自我监控是学习者个体自我发展和自我实现的基本前提和根本保证。

在信息化和经济全球化的现代社会,学会认识自己仍然是人类共同面对的重大问题。因此,一个现代社会的学习者如果懂得了如何进行有效的自我监控,他自然就会清楚地知道如何确立合适的目标、如何选择实现目标的方法与策略,在学习过程中就会不断自省、反思、调整学习方法。在将来,他们就懂得如何对自己的人生进行合理规划,确定人生发展目标,设计实现目标的发展思路,并不断回顾所走的路程、总结经验教训,不断认识自我、改变自我,从而实现自我。可见,这种自我监控能力的发展会影响学习者未来的生活方式和生活态度,影响学习者个体的可持续发展。

（3）自我监控的模式与监控策略

张向葵认为,学生自我监控的操作主要研究两个问题:一是自我监控的基本操作模式,二是常用的自我监控方法。

• 自我监控的基本操作模式。

龙君伟和徐美琴的研究表明,自我监控的基本操作模式有五个环节,即目标的设定、自我监督、目标的激活与运用、差异的发现与批判、自我调节,见表6-1。

表6-1 自我监控操作模式的基本环节

基本环节	内涵
目标的设定	行为标准的确定
自我监督	对内部心理状态和操作结果的检查
目标的激活与运用	自我监督所获信息将会激活长时记忆中的具体标准
差异的发现与批判	学习者将激活的标准与当前操作状况相比较,从而发现二者之间的差异
自我调节	发现差异后,学习者将采取相应策略对学习策略加以调节,以使学习者的学习符合标准

• 常用的自我监控方法。

林晓新和冯震总结国内外相关研究资料,提出了十种自我监控方法,见表6-2。

表6-2 十种自我监控方法

监控方法	内涵
确立目标和制订计划	包括学业总目标和子目标的确定,以及与这些目标有关的程序排列、时间安排和具体行动
主动寻求知识	在完成学习任务过程中,努力寻找与任务有关的知识
记录与监督	学生主动记录学习内容或结果
联系和记忆	学生有意识、自觉地联系并记忆学习材料
自我检查与评价	学生对自己学习的过程或质量进行检查和评价
寻求他人帮助	学生有意识地寻求同学、教师或他人的帮助
自我预测学习结果	学生对自己完成的作业进行自我评分,然后对照正确答案,思考产生错误的原因
自我奖惩	学生有计划地对自己学业成绩的优劣进行自我奖惩
组织和转换	学生有意识地对学习材料重新安排,以有利于自己对材料和内容的理解和记忆
安排学习环境	学生有意识地选择和安排学习环境

（4）自我监控能力的形成

自我监控作为一种智力活动和学习能力，有其内在的发展规律。根据董奇等的研究，学生自我监控能力的发展具有从他控到自控，从不自觉、自觉到自动化，从单维到多维的规律。

① 从他控到自控。所谓他控，是指学习实践活动由他人（如任课教师、班主任、辅导员等）来调节管理；所谓自控，则指的是学习实践活动由学习者个体来调节和管理。有关研究者观察发现，在现实的学习实践活动中，在学习者未能形成有效的自我监控能力之前，他们的学习活动通常是在老师、父母的直接指导与监督下完成的。在大多数情况下，学生只是按照老师或家长的要求机械地完成各项学习任务，调整其学习计划及学习实践活动，这个阶段的学习属于他控范畴。但随着学习者个体自身的认知水平的提高和学习经验的不断积累、良好学习习惯的养成，学习者会自觉或不自觉地对自己的学习活动进行主动监督和控制，学会如何制订学习计划、监控自己的学习过程、反思自己的学习结果等。这时外界的指导和监督作用逐渐退居到辅助位置，而学习者在自我监控中逐渐发挥其主观能动性，在学习活动中起主要作用与积极作用。

② 从不自觉、自觉到自动化。学生自我监控能力形成的第二种特征是从不自觉、自觉再到自动化的状态。在自我监控的初始阶段，由于学生尚不具备自我监控能力，他们的学习通常表现出很大的随意性，即使他们想尝试进行自我监控，也会由于意识力薄弱、注意力不集中等因素而难以有效调节和控制自己的学习。这个阶段的学习是随意的、不自觉的；但随着学生身心的发展和学习经验的积累，其运用自我监控策略的意识会不断增强。在学习实践活动中，学习者个体开始学会主动地、有意识地进行自我监控活动，关注自己学习的进展情况，并能借助反思结果调整学习进度和学习方法。这个时期的自我监控水平处于一种不成熟和不完美的状态。经过多次反复实践，学生的自我监控水平会达到一种娴熟状态，最后达到自动化。张向葵认为，一个人自我监控策略的运用达到自动化的标志体现在两个方面：一是几乎不需要有意识地选择和努力，或只需做很少的努力，就能自然而然地进行自我反馈和调控；二是整个自我监控过程更加便捷，没有或极少有多余的步骤和环节。

③ 从单维到多维。在自我监控的初级阶段，由于学生年龄较小，认知发展水平较低，学习者只能对学习中的某一方面或某单一的环节进行监督、控制与调节。可是，随着年龄的增长，学习者心智发展逐渐成熟，学生的注意分配能力和认知水平逐渐提高，学生的自我监控逐渐从对单一项目和环节的监控，转向多方面和多环节的监控。他们既能关注认知结果，又能关注认知过程，懂得在学习的过程中充分调动各种积极的情感因素，也就是非智力因素。

2. 外部监控

外部监控也叫他控,是指学习实践活动由他人(如任课教师、班主任、辅导员等)来进行调节和管理。学习实践活动中的外部监控,既可以指教学管理部门、教学督导通过一系列规章制度和教学管理程序对学生学习活动的干预、管理与约束;又可以指教师、班主任、辅导员对学生学习实践活动的调节、干预与管理;还可以指在网络环境下,利用网络技术平台进行的学习过程、实践活动的监督与管理。在外部监控的各组成元素中,教师监控是核心力量。教师监控可以促进学生自我监控能力的发展,促使学生学习实践活动实现由被动型他控到主动型自控的转变。

(1) 教师监控的角色功能

教师在学习实践活动中的监控功能主要由其在教学实践活动中的角色而定。张向葵的研究表明,教师在教学实践活动中扮演以下三种角色。

① 学习实践活动中的"规划人"。教育学领域的大量研究表明,教学实践活动中的有效计划与组织是至关重要的。教师要全面监控学习实践活动的进程,就要由单纯的课程计划执行者转变为学习实践活动的组织者和设计者。因此要求教师必须具备以下基本能力:挖掘和运用教学资源的能力,确定教学目标的能力,熟练使用各种教学策略的能力,创建民主和谐教学氛围的能力和良好的与学生沟通交流的能力。

② 学习实践活动中的"对话人"。教学过程中的互动交流是教学实践活动的灵魂,包括师生互动、生生互动及"互联网+"环境下的人机互动。教师在教学实践活动中扮演的是"对话人"的角色。在教与学的学习实践活动中,教师需要精心设计各种交际互动活动,并积极参与和学生的互动交流,这就要求教师必须了解自己和学生,并熟悉各学习者个体不同的交流风格。见表6-3。

表6-3 交流风格分类表

交流风格类型	特征
封闭性风格	总是藏在别人后面,不喜欢与他人接触,很少自我表露或给出反馈,自信心不足,很少担任领导职务
盲目性风格	过于自信,傲慢自大,认为自己的办法总是正确的;喜欢与他人共处,但说话多于倾听;忠诚、有序、可依赖、乐于助人、不怕权威
隐蔽性风格	不会表露,常常把自己的意见、观点和感情都藏在心里;喜欢与人互动,常常是好的听众,容易赞同别人
开放性风格	真正的喜欢和尊重他人;在发出和接受反馈时更为灵活,比较受人喜爱,富有生产性,乐于接受批评,积极听取他人的发言;在与他人交流时言辞真诚、坦率,但如果时间或空间受到限制,就会感到不适应

③课堂环境中的"监护人"。学习实践活动能否顺利进行,与严格的班级管理、良好的纪律及民主和谐的环境密切相关。一个教师如果想成为优秀的课堂教学及课外自主学习的监护人,必须具有较强的教学活动设计及管理的能力。张向葵认为,一名优秀的"监护人"应该能做到:建立稳定的班级管理平台;形成明确的班级管理规则;建立严格的纪律约束与干预措施;建立有效的奖励机制;营造宽松和谐的班级氛围。

(2)教师监控能力的构成

教师监控能力是指教师为了保证课堂教学达到预期目的,在教学过程中将教学活动本身作为意识对象,不断对其进行积极主动的计划、检查、评价、反馈、控制和调节,教师监控能力表现为五个方面的特征:自主与能动性、评价与反馈性、调节与矫正性、普遍与灵活性、优化与协调性。在自主学习中,教师监控则主要指教师为保证学生的自主学习效果,以学生为意识对象,对其自主学习活动采取的一系列积极干预措施,包括对学习者学习目标的引导、学习计划的制订、学习过程的管理、学习策略的训练、学习结果的合理评估等内容。

教师的教学监控是课堂教学及课后学生自主学习的核心力量,没有教师的监控及积极适度的干预,学生在学习过程中会感到茫然,学习效果自然无法得到保证。实际上,教师的教学行为是其教学监控能力的外化表现。申继亮、辛涛等的研究表明,教师的心理状态、知识储备及知识重组能力之间相互作用,共同形成了教师监控能力的运行机制。

从教师监控对象的性质来看,教师教学监控能力可以分为自我指向型和任务指向型两种。二者相互作用、相互影响。一方面,自我指向型教学监控能力会直接影响教师的教学态度、努力程度,以及对教学效果的情绪反应,同时也会间接影响教师对整体教学计划的制定、教学材料的使用、教学模式与方法的选用及教学效果的评价与补救等。另一方面,任务指向型教学监控能力不仅直接作用于教师教学能力的具体过程,而且对教师的教学观念、教学积极性等也存在间接的影响,从而影响自我指向型教学能力。从教学监控的作用范围来看,教师教学监控能力可以分为一般型和特殊型两种类型;从教学监控的发生过程来看,教师监控能力分为自我检查能力、自我矫正和自我强化等各种不同类型的能力;从教学监控的表现形式来看,教师的教学监控能力包括学习活动的计划与准备、课堂活动的组织与管理、教材的呈现、言语和非言语的沟通、评估学生的进步、反省和评价等不同过程中展现的能力。

(三)大学生英语学习的特点

庞维国从大学生心理特点和自主学习两个方面对大学生的英语学习特点进行

了详细分析。其研究结果可以概括为以下两个方面。

1. 大学生的心理特点

（1）大学生认知发展特点

进入大学阶段，学生的心理逐渐成熟，尤其是认知发展水平趋近成熟。根据皮亚杰的认知发展阶段理论，大学生的认知发展处于形式运算阶段，处于这一阶段的学习者个体的思维具有三个明显特征：一是假设-演绎推理，其特点是先对所面临的问题情境提出一系列假设，然后对假设进行检验，从而得出答案。二是命题推理，这种推理的特点是不一定以现实的或具体的资料为依据，只需凭借一个命题便可以进行推理。三是组合推理，这种推理的特点是面对由多种因素形成的复杂情境时，可以根据问题的条件提出假设，有计划地组合某些因素，从而在系统中获得正确答案。这些思维形式对于大学生的专业学习活动极为重要。

（2）大学生的自我发展

大学生活是学习者个体一生中极为重要的发展期。处于青春期的大学生，在个性发展上处于自我统合与角色混乱的阶段。所谓自我统合，是指个体尝试把与自己有关的多个方面整合起来，形成一个自己觉得协调一致的整体自我。当自我统合形成之后，个体在自我发展上就达到了成熟阶段，就会有明确的自我概念和自我追求的方向。对于青年的成长来说，自我统合过程是一种挑战。从大学生的自我发展阶段来看，随着时间的推移，他们的自我界限逐渐明显，自我力量和自我意识也逐渐增强。自我成了决定其认知发展过程、发展速度和发展质量的核心力量。正是这种日益成熟、不断完善的自我，引导大学生个体不断学习、提高和超越自己。从心理发展角度来看，大学生的自我已成为其发展的主体和主要执行者与监控者。

2. 大学生的自主学习

（1）自主学习的哲学含义

从哲学层面来看，学习者的自主性具有丰富的哲学含义。这种哲学意义上的自主性主要表现为一个人在学习活动中展现出的自主性和能动性，这可以从马克思主义哲学中找到科学依据。列宁认为，人作为一种对象性存在物，对自然界、外部感性世界必然具有依赖性。但人并不是消极地依赖自然界或外部感性世界的恩赐来保证自己的生存和发展，而是在自觉意识到这种依赖的前提下，"决心以自己的行动来改变世界"。马克思和恩格斯认为，个人在客观实践活动中是否具有自主性，与其活动的性质有密切关系，这种自主性主要取决于两个条件：一是取决于个人与活动客体关系的性质。个人的自主性在这里表现为，人因"客体的支配者和控制者"这一角色而成为主体，能够"根据对自然界的必然性的认识，来支配我们自己和外部世界"；二是取决于人能否成为自己活动的主体。在此表现为，个人能以自己的思维来支配自己的行为,去认知和改造自己的客体,而不是盲目地顺从他人的意愿,同时还能够自觉进行自我调节和自我控制,而不是自以为是、自行其是,这就是所谓的个人自主性。自主有两个尺度:第一个尺度是描述个体的客观情况、生活环境,是相对于外部强迫和外部控制的独立、自由、自决和自主支配生活的权利与可能;第二个尺度是相对于主观现实而言。自主的人能够合理地利用自己的选择权利,能够认识并善于明确自己的目标,既能成功地控制外部环境,又能控制自己的冲动。

自主性学习者具有能动性。这是指学习者个体能够自觉、主动、积极地去认识客体和改造客体,而不是被动、消极地去体验和实践。在学习者的这种认识活动过程中,个体的能动性主要体现在能主动地、积极的作用于认识客体所提供的信息上;在学习实践活动过程中,学习者个体的能动性则具体体现在学习实践过程中的计划、组织、管理、调控等方面,它能使学习者个体的学习实践活动具有更强的目的性、方向性和程序性。

(2)自主学习的特征

由于对自主学习的理论立场和内涵理解的不同,国内外不同理论流派的学者对自主学习特征的描述各不相同。

奥尔德曼对自主学习特征的表述体现在七个方面:对自己学业成败的归因能作出合乎逻辑的表述,对自己的学习具有很强的自我负责精神;具有强烈的学业自信心;始终坚信只要不断努力就会取得成功;能够设置有效的学习目标;能积极考虑未来;拥有丰富的学习策略知识,能够监视、控制、调节自己的学习过程;能够有效地管理和使用自己的学习时间与资源。

宾特里奇将自主学习者的特征概括为四种:对他人提供给自己的信息作出更为积极的反应,在学习过程中积极主动地树立学习目标、选用学习策略等;能够正确看待由个体差异、情景、生理等给自己带来的局限,并不断监控和调节自己的学习行为;能根据学习目标和标准来评估自己的学习效果,必要时会对学习目标和标准进行适当的调整;能够利用自我调节过程,来调节外部情境和自身特征所产生的影响,以呈现自己良好的学习表现和提高学业成绩。

我国外语界学者束定芳认为,自主学习的内涵应该包括三个方面的内容:一是态度,指学习者自愿采取的一种积极对待学习的态度,即对自己的学习认真负责并积极地投身于学习实践活动;二是能力,学习者应该培养这种学习能力和学习策略,以便能够独立完成学习任务;三是环境,学习者应该拥有大量的机会去锻炼自己的学习能力。

庞维国认为,自主学习具有能动性、独立性、有效性及相对性等特征。一是自主学习的能动性。自主学习有别于其他各种形式的他主学习,学生积极、主动、自觉地从事和管理自己的学习活动,而不是在外界的各种压力和教师及父母的要求下被动地从事学习活动,或需要外界来管理自己的学习活动。这种自觉学习、自我调节学习的最基本的要求是学习主体的能动性。二是自主学习的独立性,是相对于依赖性而言的。自主学习将学习建立在人的独立性的基础上,而他主学习把学习建立在人的依赖性的基础上。自主学习要求学生在学习的各个方面和整个过程中尽可能地摆脱对教师或他人的依赖,由自己作出选择和控制,独立开展学习活动。三是自主学习的有效性。由于自主学习的出发点和目的是尽量协调好自己学习系统中各种因素,使它们发挥出最佳效果,所以自主学习从某种意义上来说,就是学习者采取各种调控措施来使自己的学习过程达到最优化的过程。一般来说,学习者的学习自主水平越高,学习的过程就会越优化,学习效果也就会越好。四是自主学习的相对性,意思是说自主学习并不是绝对的。就现实情况而言,绝对自主或绝对不自主的学习都比较少,大多数学生的学习是介于这两极之间的。学生们在学习的某些方面可能是自主的,而在另一方面可能是不自主的。这是因为对所有在校大学生而言,他们在学习的很多方面,如学习时间、学习地点、学习内容等,都不可能完全自主决定,也不可能完全依赖于教师。因此,要区分学生学习的哪些方面是自主的,哪些方面是非自主的。

(3) 大学生的自主学习特征

大学生在心理与生理上逐渐成熟,他们常常将个人学习与职业规划相联系,学习预期、自我效能感会逐渐提高,对自主学习的意识和敏感度也会逐渐增强。在大学阶段,老师适时正确地引导和介入能帮助学生有效地掌握和使用学习策略。因此,理想化的大学生自主学习除了具有能动性、独立性、有效性、相对性等普遍特征外,还具有学习目的明确性、学习策略使用的自主性、学习过程管理的主动性、学习效果评价的可操作性等特征。一个自主学习能力强的学生必定非常清楚自己的学习目标,能科学设置学习计划;通过运用相关学习策略,能主动地对自己的学习进行适时地调整、监控,并与同伴积极合作,多途径地对学习结果进行评估与检查。但由于绝对的学习自主是无法实现的,大学生的学习自主性会受到许多因素的影响,如学习者的态度、信念,以及学习动机、文化因素、教师的介入及环境因素的影响,所以对大学生的英语自主学习进行适当的干预非常必要,尤其是进行学习策略、元认知监控策略培训,激发学生自我调控的动机,提升自我调控能力,积极发挥教师的引导与支持作用,从而更充分地实现学习者的自主学习。

张殿玉认为,大学生自主学习具有以下特征:一是有效运用学习策略的能力。随着大学生生理与心理的发育成熟,大学生对事物认知较之中学阶段已有了很大提高,具体表现为其学习过程中元认知和认知策略的应用能力的提升。但在英语学习过程中,学生对英语课程本身自然产生的生疏感及对预期学习目标和学习成果的不确定性导致学习信心不足,因此激发和培养大学生的学习策略能力显得尤为重要,尤其是培养和提高学生的自我管理能力。而培养大学生的自主学习能力和终身学习能力,加强策略培训和提高他们有效使用学习策略的能力是关键。二是外部环境的重要性。英语教学环境是英语自主学习的重要物质条件,也是教育生态的重要因素,由教师、教室、网络教学平台等共同组成。在基于"互联网+"环境的英语自主学习过程中,教师不再是传统意义上的"传道授业解惑者",而必须担任起建构主义所倡导的学习的"组织者"和"帮助者"等多种角色,帮助学生在环境的交互过程中进行知识的建构。同时,在学习过程中,教师还要进行策略指导,负责学习过程的监督和学习结果的评价。现代网络技术的发展为英语学习提供了良好的条件,基于校园网的英语自主中心的建立使英语自主学习体现出学习平台的立体化、学习资源的丰富性、学习活动的交互性、学习时间与地点的灵活性等特点。三是学习过程的互动性。语言的主要功能是交际,而交际是互动的。基于"互联网+"背景的英语自主学习呈现出多维互动的特点,包括师生互动、生生互动和人机互动。自主学习并不是学生独立地、孤立地自我学习,而是在教师的指导下有意识、有目的、有计划地主动学习,学习的过程离不开教师的引导与帮助,也离不开同伴的协作、鼓励与支持。所以,基于"互联网+"环境的英语自主学习是一个多元互动的循环过程。

张新凤认为,大学生的自主学习有三个显著特征:一是自发地学习。自主学习者对于学习的选择是出于自身需要(包括生存的、兴趣的、希望被认可的需要等),因而呈现出主动介入的特征。二是自由地学习。自主学习者的整个学习过程完全根据学习者的需要进行安排,属性自主控制,不必顾及他人或群体的态度。三是自律的学习。自主学习者由于在学习中获得了主体需求和客体对象(包括学习目标、内容、形式等)的一致,所以他们既是学习目标的确立者,又是学习计划的制订者和自我管理者,在学习过程中约束和调整自己的学习行为,实现学习目标。

(四) 英语自主学习监控的现状与必要性

1. 英语自主学习监控的现状

专家和学者在推行英语教学改革的实践过程中发现,有的学生对完全由自己占据主动的学习方法不太适应,因此很难自觉利用充足的网络资源进行有效的学习。同时,有些教师对基于网络的自主学习中自己应扮演的角色认识不够清晰,因此不能给学生提供有效的指导。目前,我国英语自主学习的监控存在以下问题。

(1) 教学观念影响着教师在自主学习中的角色定位

新的教学模式对教师的教学理念提出了全新的挑战,部分教师却有"水土不服"的现象,因而出现两种情形:一是控制课堂多年、颇有教学成就感的老师因突然感到重心的严重偏离而倍感失落;二是部分乐于接受新鲜事物的老师则走向另一个极端,充分放权给学生,顿觉压力大减而感到轻松无比,这些教师为了给学生充分的自主性,将自主学习错误地理解为自由学习,其结果是放有余而收不足,或放而不收,忽视了教师作为自主学习活动中组织者、引导者和促进者的作用,最后导致许多学生学习目标不明确;加上教学活动经常脱离主题,教与学效率低,造成教学资源和时间的极大浪费,严重影响了教学实效。

(2) 传统教学模式根深蒂固,造成学生的适应困难

由于传统灌输式教学模式的影响,部分学生习惯被动地接受知识,因此他们不知道在网络环境下该如何开展英语自主学习,学生多年来形成的学习习惯和自我控制能力,远不能适应基于"互联网+"环境的个性化学习与个人发展要求。有的学生对个性化自主学习理解不够,自主学习策略知识欠缺,对基于"互联网+"环境的英语自主学习感到茫然,因此他们需要接受教师的指导。更重要的是,很多学生在个性化自主学习方面缺乏恒心和毅力,自控能力不强,在没有外界压力的情况下,很难独立地完成自主学习任务。因此,网络环境下的英语教学要针对"互联网+"环境和英语学科的新特点,加强动机激发和意志力教育及学习策略的培训,尤其是加强自主学习策略方面的培训,强化自我管理,做好学习过程的形成性评估,帮助学生逐渐增强其学习意志力和自我控制与自我管理能力,这样才能真正培养学习者的自主学习能力,从而达到推进英语教学改革的目的。

(3) 对教学监控认识不足

目前,高校英语教师对自主学习的监控状况不容乐观。某高职院校针对英语教师就英语自主学习监控现状进行了问卷调查。该问卷由两部分组成:第一部分为被调查者(英语教师)的个人简况(包括性别、年龄、学历学位及从事英语教学的年限等信息);第二部分是关于英语自主学习监控现状的调查,这部分由 22 个问题组成,内容涉及对英语自主学习监控的认知、态度、监控策略、监控时间、监控满意度、监控的障碍等方面。这个调查共发放问卷 260 份,回收问卷 211 份。通过问卷调查发现目前英语自主学习监控存在以下五个方面的问题。

① 对自主学习监控认识不足。尽管大部分教师认为基于"互联网+"环境的英语自主学习并不是放任自流的自由学习,教务部门、教师及网络平台管理员非常有必要实施一定的干预,但仍然有部分教师认为自主学习是学生自己的事情,教师不应该过多干预。有 28.9%(61 人)的教师认为教师不应干预,可见这部分教师对于"互联网+"环境下英语自主学习的监控意义及重要性存在认识不足的情况,这必然会影响监控效果。

② 监控时间难以得到保障。通过进行英语教师的问卷调查可知:有 1.4%(3 人)的英语教师认为无须费时对学生英语的自主学习给予监控(0 小时),11.8%(25 人)的英语教师认为监控时间应控制在 1 小时以下,45%(95 人)的教师认为监控时间应在 2~4 小时比较合适,30.8%(65 人)的英语教师认为监控时间应在 4~

6小时,而11%(23人)的教师认为监控时间可在6～8小时。而实际用于英语自主学习监控的时间仍显不足,在被调查的英语教师中,有9人(4.3%)每周用于监控的时间是0小时,有69人(32.7%)实际每周用于监控的时间在1小时以下,只有92人(43.6%)用于监控的时间在2～4小时,监控时间在4～6小时的有27人(12.8%),6小时以上的只有14人(6.6%)。

监控时间不足必然会影响学生网上自主学习的积极性,严重影响学生网上自主学习的效果。另外,赵凌云对湖北经济学院英语教师的网络自主学习监控状况进行了统计分析,结果发现:从教师网上监控时间按月统计来看,教师对基于"互联网+"环境下的英语自主学习所实施的监控还存在时间分布不均的情形。一般来说,教师在学期初的一段时间里监控力度较大,然而在期中和期末时明显松懈,这将影响网上监控功能的发挥。

③ 监控内容片面。教师在网络自主学习监控中的监控内容往往过于关注学生的知识水平,而忽视了对学生网上自主学习的过程监控,如忽视网络自主学习策略及学习态度和自我效能感等情感因素,这些因素不仅会直接影响学生网上自主学习的效果和效率,还会在很大程度上影响学生进行网上自主学习的持久性和积极性。

④ 监控方式单一。赵凌云通过对英语自主学习监控现状的分析发现,几乎所有英语教师都只利用英语网络教学平台所提供的教师教学管理模块来查看学生的网上学习记录,以此来实现网上自主学习的监控。然而,教学平台所记载的学生自主学习记录,只能简单地提供学生在网络学习平台的学习时间、网上作业的完成情况和测试完成情况及网页浏览情况等显性数据,却不能全面反映学生在课外自主学习活动过程中网上学习策略的选择、运用与调整,不能监控学习者在网络自主学习时的学习态度、学习动机、自我效能、学习归因、自信心等情感因素的变化,而这些都是影响网络自主学习效能的重要因素。因此,有必要进一步完善网络技术平台,充分发掘网络技术监控,丰富监控手段,发掘网下监控方式,将传统学习监控与现代高科技的监控手段有机结合。

⑤ 自主学习实际监控效果与教师的个人感知误差较大。目前,基于网络环境的英语学习自主学习监控存在认知不足、监控时间过少、监控内容片面、监控方式单一等问题,但大部分教师仍自我感觉良好,与自主学习的实际监控效果反差比较大,这说明部分英语教师对当前英语自主学习监控存在盲目乐观和不切实际的态度。

2. 英语自主学习监控的必要性

(1) 自主与监控

自主学习具有能动性、独立性、有效性及相对性的特征。自主学习意味着自我负责、自我决策及能够独立地计划、安排自己的学习。根据国内外学者对自主学习的定义,我们知道自主学习既是一种学习态度、一种学习过程,又是一种学习能力。一个真正的自主学习者应该是一个自我意识强、能主动担负起学习责任的人,而监控则有监督、调节、检查、评估之意。从表面上来看,监控似乎与自主形成一种悖论,一方面,我们要求英语教师给学生放权,让其学习充分的自主,充分发挥其主观能动性,能自我制订学习计划、自我决定学习内容、自觉运用各种学习策略等;另一方面,我们又要求教师、班主任、教务管理部门等对学生的学习给予一定的干预,这难道不是相互矛盾的吗?其实不然。正如辩证唯物主义所认为的,世界上任何事物都是一个矛盾的统一体,事物是矛盾的,又是统一的,有了矛盾,世界万物才有往前发展的内在动力。自主与监控也是如此。学习的自主性体现在学习者的能动性上,而学习又不是盲目的,必须有合理地引导、监督与评估,这就是监控,而监控的目的就是促进学习者更全面、更彻底的自主;自主与监控互为一体、相互联系、相互促进,最终达到和谐统一。

(2)自主学习监控的必要性

① 英语教学与教学改革发展的需要。《高等职业教育专科英语课程标准》明确规定:"英语教学的目标是:培养学生的英语综合应用能力,特别是听说能力,使他们在今后的工作和社会交往中能用英语有效地进行口头和书面的信息交流,同时增强其自主学习能力,提高综合文化素养,以适应我国经济发展的需要……""教学模式改革成功的一个标志就是学生个性化学习方法的形成和学生自主学习能力的发展……"随着教育部英语教学改革试点项目在全国范围内的实施与拓展,网络环境下的英语教学模式,尤其是英语自主学习模式,在教学理念、教学思路、教学方法等方面开展了一次全新的尝试。在相关试点教学中发现,学生身上蕴藏着巨大的学习潜能,学生不仅可以完成课内外学习任务,还能培养自主学习能力,并在今后的学习中受益。这种新模式在许多高校的英语教学改革与实践中已经呈现出比较明显的优势。但是,我国网络环境下英语自主学习模式的实施通常比较注重知识内容组织、网络课堂设计、学习资料提供等方面,而忽略了对学生采取必要的学习监控措施。各种统计和调查表明,在缺少教师面对面的实时监控或权威辐射时,学生的学习效果主要取决于学生的学习动机、自主意识和自控能力的保持。网络学习环境需要高度的自我控制能力,而高职学生却是自主性、独立性和自我控制能力较低的学习群体。因此,要解决这一问题,应对学生的学习实施积极干预,如进行学习目标的引导与规划、指导学习计划的制订、介绍学习策略并监控学习过程、评估与反馈学习效果等。同时,为保证学习监控的落实到位,可以建立一种多主体、多层面和多维度的多元监控体系,由学生、教师、管理部门、网络管理员、学习同伴等全员参与,以确保自主学习的实效,巩固英语教学的改革成果。

在对某大学的问卷调查中得知:48.8%的英语教师认为对学生的英语自主学

习实施必要干预非常重要,33.6%的教师认为有必要,13.3%的教师态度不明显,但只有0.9%和1.9%的教师表示教师的干预没有必要或完全没有必要。同时,有44.7%的教师认为,教务部门对学生的英语自主学习实施积极干预重要或非常重要,27.6%的教师未发表意见,只有16.2%和10%的教师认为,教务部门没有必要或完全没有必要对学生的自主学习实施积极干预。可见,教学一线的英语教师对自主学习实施必要监控是持积极态度的。

② 学生自主学习能力提升及终身教育发展的需要。英语教育的目标并不仅仅是英语语言知识的传授及实际应用技能的培养,更重要的是学生学习能力的培养和终身学习理念的培养。自主学习监控是一个系统工程,需要全员参与。多元监控体系应由任课教师、辅导员、班主任、自主学习中心管理员、学生和学生同伴共同参与,以充分调动学生的积极性,形成合力,加强对学生自主学习的全程管理。因此,这一监控过程不仅应管理班级学生的课内外学习内容、学习过程和学习进度,还要管理设备的安排和使用,了解并帮助学生提高语言能力及管理学生的信息,建立学习日志,自动录入学生的学习时间和学习内容。教师通过查看学生的登录时间、学习次数、学习内容、学习时长、讨论次数、讨论内容、习题成绩、测验成绩等,以便统计分析,及时发现问题和了解学生的不足,从而进行合理的指导和纠正。通过学生自我激励、自我计划、自我调节和自我监控的内部监控手段,辅之以教师的学习目标引导、学习策略的传授、学习过程的管理等外部监控手段,可以有效地培养学习者的自主学习意识,提升自主学习能力和终身学习能力,将学生培养成为"学会认知""学会做事""学会共处""学会成长"的新时代高职人才。

③ 教育技术发展与普及应用的需要。在"互联网+"时代,现代教育技术尤其是网络和互联网技术的普及,带来了外语学习及外语教学改革的春天,但一种新技术的问世只有能促进生产力的发展和社会的变化才能真正体现新技术的生命力和存在价值。现代教育技术、多媒体、网络及互联网技术的普及打破了传统的教学模式,实现了外语教与学的超越时空性,并为基于网络环境的英语自主学习提供了必要的技术支撑。在这种新型技术的支撑下,网络技术平台发挥了对学生个性化学习的指导与监控作用,保证了自主学习的效率。从何明霞课题组的相关问卷调查了解到,有56.9%的教师认为网络技术能很好地辅助教师对学生的英语学习情况进行监控,有26.1%的教师未发表具体意见。只有3.8%和11.8%的教师认为网络技术不能或完全不能辅助教师对学生学习的跟踪。充分发挥网络技术的优势、加强对大学生英语自主学习的过程管理和提高学习效率也是现代教育技术发展的客观需要,并有效验证了现代技术的科学性和普适性。

④ 提高自主学习效率的需要。自20世纪90年代以来,尽管国内外学术界对于自主学习的内涵及实质的理解不同,对其定义众口不一,但多数学者比较认同早期霍尔克(Henry Holec)的定义,即自主学习是一种通过后天培养的、在学习过程

中对自己学习负责的能力,具体表现在五个方面:确定学习目标、确定学习进度、选择方法技巧、监控学习过程、评估学习效果。有效的自主学习均要求学习者具备相应的自主学习素质和能力。他们首先需要的是自我管理能力,即布伦纳(Brenner)所说的"高度的自律性、足够的自我组织能力和缜密的计划性"。然而,我国学者的多项研究表明,由于受传统教学模式、文化等因素的影响,中国学生在学习过程中普遍表现出依赖性较强、自我管理与约束能力较差、自主学习意识薄弱的现象,这当然会影响到网络自主学习的效果。因此,要保障基于网络环境的英语自主学习的效果,教师(包括班主任及辅导员)、学习同伴、网络学习平台管理员及教学管理部门的积极介入是非常重要的。

在基于网络环境的英语自主学习过程中,教师必须承担学习的组织者、指导者、帮助者等不同角色,因为自主并不一定意味着完全地独立学习。教师不仅可以有效促进学习者的自我实现,还能为他们提供适时的帮助。教师的外部监控作用也是保障自主学习效果的重要因素之一。教师对学生自主学习的监控应是全方位和多维度的,包括对学习目标与计划的监控、对学习内容的监控、对学习过程的监控、对学习策略的指导、对学习效果的评估及对学习者学习态度等情感因素的调控等。

⑤ 实现教师与学生角色转换的需要。现代教育理念要求改变过去教师主宰课堂、学生被动学习的局面,因而实现教师与学生的角色转变是历史的必然,是新时代教育发展的需要。在新的教育理念下,以策略指导为基础的大学外语教学要求教师在传授语言知识的同时,要充当教学活动的组织者、导师、学习资源的提供者、学习气氛的营造者、学习策略的传授者、学习过程的管理者、学习结果的评价者等多重角色,帮助学生设定学习目标、搜集合适的学习材料、选用合适的学习策略;而学生则要学会独立地学习。这种师生角色的重塑有助于改变过去传统的教师主宰课堂的权威格局。正如迪米屈斯·塔纳苏亚斯(D. Thanassoulas)所说的那样,"责任从教师身上转到学生身上,并不是凭空发生的,而是课程本身朝着以学习者为中心进行一系列改变的结果。自主学习者应该为自己的学习承担更多的责任,这不意味着教师就失去了作用,对语言学习过程中的一切都置之不理了。"柏拉图曾在《论教育》一书中说,"强迫学习的东西是不会保存于心里的",可见培养学生自主学习能力的重要性。在这种新的教学与学习模式下,教师的角色要从知识的传授者转变为课堂教学的组织者和引导者,把学习的主动权还给学生,让学生主动发展、自我探究、不断进取,成为学习的主人,这样才有助于学生潜能的发挥,使学生成长为有个性、有特色和持续发展的人才。

因此,自主学习模式并不是教师对学生的学习过程放任自流、不管不问。从表面上看,学生独立性的增强降低了教师的作用,实际上自主学习模式对教师提出了更高的要求。它要求教师为学生提供更多的独立学习和独立钻研的条件和环境;

要求教师有更高的教学水平,如对学习材料及相关资料的选择与运用、对学生动机的唤醒和目标的确定、对学生学习结果的评价。这些都需要教师不仅要充分了解学生的知识水平、动机水平、个性特点、学习技巧、兴趣爱好等,而且还要根据这些特点采取不同的教学方法来组织教学。

与此同时,学生的角色转换则要求他们应同时具备比较强的自我约束与自我管理能力,尤其是独立的决策能力和解决问题的能力;具备不断适应变化的能力,包括获取信息的能力、与他人和谐共处的能力和团队合作的能力。新加坡学者认为,具有以下学习特点的学生难以获得学业上的成功:一是封闭自我,未把合作视为有效的学习方法;二是缺乏批判性思维和创造性思维;三是决策和解决问题的能力较差。所以,一个成功的学习者应该是充分自主的、自信的、自我激励的,同时能有效寻求外界帮助、接受教师和同伴的监控,并乐于与他人合作。

(五)自主学习监控的目标、类型、原则与特征

1. 自主学习监控的目标

自主学习监控的目标是"不监控",变"要我学"为"我要学",以实现学习者的充分自主。监控的发展通常会经历由他控到自控、从单维到多维、从局部到整体的过程。自主学习监控的最高境界是张向葵所说的"无痕监控"。

2. 自主学习监控的类型

自主学习监控按发展阶段可以分为外部监控、自我监控和无痕监控三个阶段。

(1) 外部监控

外部监控也叫他控,是指学习实践活动由他人(如任课教师、班主任、辅导员等)来调节管理。学习实践活动中的外部监控,既可以指教学管理部门、教学督导通过一系列规章制度和教学管理程序对学生学习活动的干预、管理与约束;也可以指教师、班主任、辅导员对学生学习实践活动的调节、干预与管理;还可以指网络环境下,利用网络技术平台进行的学习过程、学习事件的监督与管理。在外部监控的组成元素中,教师监控是核心力量。教师监控可以促进学生自我监控能力的发展,可以使学习监控由他控向自控转变,可以促进学生的学习实践活动由消极被监控到主动自我监控转变。

(2) 自我监控

自我监控也叫内部监控(或内控),是指学习者以自己正在进行的学习活动为意识对象,不断进行监控和调节,包括对自身学习活动的计划、监察、检查、评价、反馈、控制和调节的一系列过程。在自主学习监控过程中,内部监控是监控的内在动

力与主体,外部监控通过培养学生的自我监控能力发挥作用。二者相互作用,共同促进学习者自主学习意识和自主学习能力的提升。从静态的角度来看,自我监控分为自我监控知识、自我监控体验和实际自我监控。从动态的角度来看,自我监控可划分为计划、监察、检查、评价、反馈、控制、调节等一系列连续的环节。

(3) 无痕监控

无痕监控是指充分自主、无须刻意追求、形成固定习惯的一种能体现高度自主和高效率的自主学习监控,这是自主学习监控的最高境界。无痕监控能充分发挥教师和学生的主动性、灵活性和创造性,富有春风化雨、润物细无声的美感,只需要不露痕迹地暗示便可以在学习者心中留下深刻印象。实现无痕监控需要教师具有非凡的细心、耐心和爱心。具体来说,要实现无痕监控的理想境界,教师需要做到:树立民主的教育理念,由衷地尊重学生,平等地对待学生,营造宽松、和谐的学习环境等。

3. 自主学习监控的原则

自主学习监控应体现"以人为本"的人文精神。具体来说,自主学习监控应遵守积极与平等、尊重与宽容、有效与适度和实时与长效的原则,以实现监控主体的多元性、监控目标的明确性、监控策略的有效性的有机结合,从而提高自主学习监控的实效。

(1) 积极与平等原则

为调动学习者的英语学习积极性,营造和谐的英语学习氛围,在自主学习过程中,教师首先应该明白自己的角色定位,即教师是学习动机的激发者、学习目标的引导者、学习活动的策划者、学习过程的管理者、学习气氛的营造者、学习困难的咨询者、学习资源的提供者、学习效果的监控者与评价者等。教师应尽可能地创造一种民主和谐的学习氛围,激发学生的英语学习动机和学习兴趣,提升学习效能,帮助学习者形成正确的学习归因倾向,并在学习监控过程中采取协商、激励等民主而平等的态度,加强与学生的沟通交流,使学生"乐学"。这是自主学习应遵守的第一条原则,即积极与平等原则。

(2) 尊重与宽容原则

在学习过程中,有些学生在困难面前易产生畏难情绪,甚至在互联网环境下的英语自主学习过程中,面对海量信息可能会表现出一种烦躁、焦虑和无所适从的状态。这时就需要教师和父母的理解和宽容、合理的疏导与积极的鼓励,这是自主学习监控的第二条原则,即尊重与宽容原则。

(3) 有效与适度原则

影响自主学习的因素有很多(包括自主学习意识、学习动机、自我效能感、学习态度、自主学习策略的选择与运用、学习环境等），因此对自主学习的监控不能强制或过度，否则会适得其反。坚持有效与适度相结合是自主学习的第三条原则，即对自主学习的监控首先必须有明确的学习监控目标，同时要有科学的计划、合理的手段与情境、适当的时间与空间保证等。这样，学习监控才能真正有效。

（4）实时与长效原则

学生的自我监控及教师等外在因素的积极干预不能忽紧忽松、忽冷忽热，这就是自主学习监控的实时与长效原则。对自主学习的监控应与学生的学习保持同步，同时建立一种长效机制。监控手段与措施的滞后、缺乏科学计划的半途而废，都不利于自主学习监控的有效实施。

4. 自主学习监控特征

自主学习监控只要体现"以人为本"的人文精神，遵守积极与平等、尊重与宽容、有效与适度和实时与长效原则，就会呈现出监控主体的多元性、监控目标的明确性、监控策略的有效性等特征。

（1）监控主体的多元性

在自主学习监控中，监控主体呈现多元化趋势。在学生的自我监控过程中，学生是监控的主体，学生充分发挥其主观能动性，对自己的学习活动进行积极主动的计划、管理、调节、反思与评估。但在自主学习的外部监控中，教师、学习同伴、教务管理部门、教学督导是自主学习监控的主体，学生则是监控的客体，监控主体对监控客体实施积极的干预，以实现学习计划与目标。可见，在自主学习的过程中存在多元性的监控主体，学生既可以是监控的主体，又可以是监控的客体。在特定条件下，监控主体和客体可以互换角色，甚至互为一体。

（2）监控目标的明确性

为保证自主学习监控的实效性，必须有明确的监控目标。监控目标的明确性指监控任务应具体、科学，并具有可操作性。没有目标的监控是无效监控，无法实现自主学习监控的目的与实效。因此，没有明确的监控目标，自主学习是盲目且低效的。

（3）监控策略的有效性

自主学习监控策略是指为保证自主学习的效果而采纳的一系列方法与手段，如元认知监控策略、情感调控策略、资源管理策略等内部监控策略及教师、学习同伴、教务管理部门、网络平台管理员等共同参与的外部监控策略等。这些策略的合适与否直接关系到监控策略的实效性。因此，监控策略的有效性是监控落实到位的关键。

(六) 自主学习监控的内容

自主学习监控内涵广泛,包括对学习目标与计划的监控、对学习内容的监控、对学习时间的监控、对学习过程的监控、对学习结果的评价与总结等,这构成了自主学习监控的立体化框架。

(1) 对学习目标与计划的监控

在自主学习过程中,对学习目标与计划的监控非常重要。教师需要做一份学习者的需求分析,包括学习者的社会需求和个人需求。学习者的社会需求其实也是由个人的需求所形成的,但我们这里所说的社会需求主要指社会和用人单位对有关人员外语能力的需求,而学习者的个人需求主要指学生目前的外语实际水平与他所希望达到的水平之间的差距。社会需求分为两大类:一是政府的外交或其他政治目的的需求;二是社会结构,如公司、学校和其他用人单位的需求。近年来,"以学生为中心"的教学理念得到了越来越多人的认同。"以学生为中心"的实质是考虑学生的真实需求,即个人需求。我们不能庸俗地将尊重学生的学习个性和特点,培养学生的自主学习能力理解为在课堂上让学生"说了算",让学生去"表演"或"表现"自己。我国传统的"因材施教",也就是根据学习者的实际情况来调整教学目标、设计教学方法等。现在,国外有些外语教学理论提倡"协商式大纲",就是让教师和学生根据外语学习者的客观情况和实际共同制定学习目标、学习方案、评估方式等。

在基于网络环境的英语自主学习过程中,非常有必要对学习者的学习目标进行设计。大学生的学习目标通常分阶段设计,可根据个人实际情况设定短期、中期及长期的学习目标。每一个小目标的实现都应符合"最近发展区"理论,增强学生的自信心和学习成就感,尤其对于学习基础薄弱、成绩不太好的学生而言,客观、科学地制订学习计划可以激发他们的学习动机,他们通过努力实现一个个小目标,最终出现质的变化。要监控学习目标首先要培养学生的自我教育意识,只有当学生意识到学习的重要性,并将学习当作一种乐趣,他们才会主动设计学习目标,制订学习计划,并积极地采取有效的学习策略,在学习过程中进行自我管理、自我调节、自我评价,最终实现学习目标。教师的引导作用则体现在帮助学生确定清晰、可行和合适的学习目标,激励学生科学安排时间,在学习过程中做到自我监控、自我评价,从而实现个性化发展。

(2) 对学习内容的监控

心理学家布鲁纳认为,学习是一个主动的过程。激发学生学习内因最好的方式就是激发他们对所学内容的兴趣,即来自学习活动本身的内在动机,这是学生主动学习的心理动机。因此,要提高学生自主学习效能和能力,教师必须提供满足不同学习者个性化需求的自主学习内容,对学习内容进行收集、分类、评估与整合,并根据知识更新的需要不断补充、完善,形成合理的自主学习知识体系。

(3) 对学习时间的监控

学习时间是自主学习的保障性条件。没有时间保证的自主学习犹如空中楼阁,自主学习是无法实现的。因此,高效率的自主学习必须有严格的时间安排,学生只有对自己在每个单位时间里需要完成的学习任务有清晰的认识,才能保证任务有计划地实施和完成。

(4) 对学习过程的监控

《礼记·学记》有言:"学然后知不足,教然后知困。知不足,然后能自反也;知困,然后能自强也。故曰教学相长也。"这句话包含了深刻的教育学思想,即早期的关于"教"与"学"的元认知思想。这种理念要求教师与学生共同监控教学过程,最终达到"教是为了不教,学是为了会学"的最高境界。对学习过程的监控涉及三个环节:学习活动前的监控、学习活动中的监控和学习活动后的监控。其中,学习活动前的监控主要指学习者对自身学习活动的计划与准备;学习活动中的监控主要指"意识、选择与执行"的有机结合;学习活动后的监控主要指对学习的反馈、补救和总结。

(5) 对学习结果的评价与总结

教学评价是英语教学的重要环节,全面、客观、科学、准确的评估体系对课程目标的实现至关重要。传统的教学评价强调的是常模参照评价,即关注个体在整体中的位置,通常以分数论胜负,这无疑对学习者的自信心和学习动机都有着消极和负面的影响。而形成性评价以学生为中心,以建构主义理论为基础,强调对学生知识获得的过程进行评价,对学生的学习风格、态度、策略等方面进行评价。这种评价贯穿学习的每个阶段和整个过程,所以它实际上已成为学习过程的一部分。

此外,教师还可以根据实际情况适当参考真实性评价。它是根据课堂教学内容和目标及学习者的真实表现来考查学习者学习进步情况的一系列评价程序,其中包括交际能力的评估、学习档案及学习者的各种自我评价报告。真实性评价更有计划性、更系统、更准确,也符合合作学习的评价理念,即"不求人人成功,但求人人进步",因而受到较多学生的认同。但它要求教师在实践过程中更加客观、全面和深入地了解学生,且实际操控的难度较大,因此真实性评价手段仍需要进一步完善。

总之,教师对学生的评价要注重全面和多元。教师要通过对学生平时的学习和参与活动的有效记录和评价,将过程评价、动态评价与终结性评价结合起来,对学生进行全面评价和考核。例如,将学生的学习活动纳入平时有效的管理和监督范围;同时开展自我评价、小组评价及教师在各教学阶段的诊断性评价等多种评价方式相结合的多层次评价,跟踪教学过程,以便及时调整教学计划和教学方式;还可以创立学生作品集、作业展,提高评价的说服力,这样能够对学生的学习情况进行客观公正的评价,反映学生的真实水平,还能有效地激发学生学习的积极性。尊重学生的个性化差异,采用多元化评价方式,如自我评价、同伴评价、小组评价、班级评价、教师评价等,可设定各种形式的评价量表:一是基本知识技能的评价,包括作业评价、单元测试评价;二是学习过程、方法与学习习惯的评价,包括预习评价、课堂活动评价、学习效果反思与评价;三是应用能力的评价;四是情感态度的评价,包括参与态度、合作态度、个性表现、活动成果等。

二、自主学习多元监控体系探究

(一) 自主学习多元监控体系的构建

一个高效的自我监控学习者通常在以下四个方面表现较优秀:一是对自己的学习活动有事先的计划和安排。二是能对自己的实际学习活动进行监督、评价和反馈。三是能对自己的学习活动进行调节、修正和控制。四是在充分完成以网络课件为主、网络教学平台资源库和考试平台为辅的自主学习全过程的同时,能进行自我评价与相互评价并接受教师的评估,对学习结果进行反思与评价,最终实现高密度、协作式的课堂学习和分散型、个性化课外学习的有机结合。

在教师、家庭成员等外部因素的积极干预下,要实现具有自我监控特征的高效率英语自主学习,有必要构建一套全员参与的多元化自主学习监控体系。"互联网+"背景下的英语自主学习多元监控体系,旨在实现外部控制和内部控制双管齐下,提高英语自主学习实效,培养学习者的自主学习能力。该体系由五个监控模块构成:一是自我监控模块,借助网络、多媒体等现代化教育手段,学习者以导向功能、控制功能、反馈功能、自我评估功能等自我监控的形式进行个性化、自主性学习。二是教师监控模块,引导和帮助学习者掌握自主学习策略的相关理论和实践技巧。教师向学习者介绍一些常用的自我监控技术,如自我记录技术、自我记分技术、自我提高技术,帮助学习者增强对学习过程的自我监控能力。通过网络监控学生的学习过程,将学习者作为监控对象,并及时进行监视反馈和调节控制。教师在面授时要求他们讲述从网上课程学习中得出的结论和思考,对各种结果进行评价与总结。三是督导监控模块,教学督导监控模块包括理论指导、信息收集、横向协调、纵向沟通等。四是教务监控模块,教务处对教师的教学和学生的学习进行监控和督导。教务处的监督功能包括大纲设计、学分认定、模式认定、效果评价等。五是技术监控模块,对在线学习时间、访问站点时间和频率进行跟踪与统计,并将统计资料输入在线数据库,然后根据在线数据库中的数据对学习者在线学习时间的统计和学习进度进行形成性评估。通过提交数据分析报告,为学习者提供时间管理的反馈建议或提示,增强学习者对学习时间的自我管理意识。通过多元监控系统,适时地引导学习者端正学习态度、调整学习策略、有效地运用学习资源和现代信息技术手段进行自主学习,从而达到预期的学习目标。

多元监控体系是语言策略理论(元认知策略)与计算机监控技术相结合的新产物,既遵循了学习者的英语学习规律,体现了网络自主学习体系的特点,还注意了适应网络教育的学习条件。学习者可以根据自身实际制定个性化的学习方案,利用网络教学平台进行自主学习、自我监控和自我评估;教师利用网络平台上传资料、设计网上学习评论活动、布置作业和发布测试题,并对学习者的自主学习状况进行指导、监督和全程跟踪管理;教学督导和教务管理部门利用网络平台收集信息、组织管理及进行横向与纵向的沟通与交流;网络管理员则可以利用网络平台进行技术指导、资源上传、平台维护和网络管理。这样就形成了多主体、多层次和多维度的自主学习多元监控体系,为学习者进行个性化自主学习夯实了物质基础。

(二)英语自主学习监控策略

自主学习策略是学习者在学习活动中有效学习的程序、规则、方法、技巧及调控方式,对学生自主学习能力和终身学习能力的培养至关重要。当代认知心理学家认为,没有任何教学目标比"使学生成为独立的、自主的、高效率的学习者"更重要。教会学生学会认知和学会学习、学会在自主学习过程中重新进行知识的建构是提升学生自主学习能力的有效途径。在信息化时代,一个称职的教师不仅要"授人以鱼",更要"授人以渔"。正因为如此,国内外教育学界及外语界对自主学习策略展开了充分的研究,并取得了丰富的研究成果。这些前期研究为"互联网+"环境下的英语自主学习策略及监控奠定了坚实的理论基础。

英语自主学习监控按照监控过程可以分为学习前的监控、学习中的监控和学习后的监控。按监控维度可以分为对学习目标与计划的监控、对学习内容的监控、对学习时间的监控、对学习过程的监控以及对学习结果的评价与总结。按其监控路径则可分为内部监控和外部监控两种。内部监控也叫自我监控(自控),是指学习者以自己正在进行的学习活动为意识对象,不断进行自我监控和自我调节的活动,包括对自身学习活动的计划、监察、检查、评价、反馈、控制和调节的一系列过程。外部监控(他控)是教育管理者、教师或学习同伴通过传统的监控方式或网络媒介平台进行监控,通过对学习情况的评价、反馈、调节、强化等手段来影响学习者的学习过程,从而有效监控自主学习过程。内部监控是监控的内在动力与监控主体,外部监控通过培养学生的自我监控能力发挥作用。二者相互作用,共同促进学习者的自主学习意识和自主学习能力的提升。

自主学习监控策略作为学习策略的重要组成部分,是任何自主性学习者在学习实践活动中都必须掌握和反复实践的。按照自主学习监控的不同路径,它可以被分为内部监控和外部监控两种不同的策略。

1. 内部监控策略

外语学习的自我监控策略指的是学习者在语言学习实践活动中为达到预定的学习目标,将自身正在进行的语言学习与语言实践活动过程作为对象,不断地对其进行积极、主动、自觉的自我计划、自我监督、自我检查、自我反思、自我评价、自我反馈、自我控制、修正与自我调节的过程。美国著名的教育家杜威(John Dewey)、心理学家桑代克(Edward Lee Thorndike)及认知发展心理学家皮亚杰(Jean Piaget)等学者曾分别从不同的角度论证说明了积极的监控行为在智力活动与学习活动中的重要性。研究表明,学习者对自身学习的知觉及随后对自己学习活动所实施的控制和调节是影响其外语学习成绩和自主学习效果的重要因素。而自我调控策略包括元认知监控策略、情感调控策略和学习资源管理策略。

(1) 元认知监控策略

① 元认知与元认知策略的概念。"元认知"概念最早是由美国心理学专家弗拉维尔(Flavell. J. H)在20世纪70年代提出的。弗拉维尔用"元认知"这个术语来特指学习过程中的意识。元认知是学习者对自己认知活动的理解,是学习者评估自己的知识及他人如何理解自己信息的能力。弗拉维尔认为"元认知"就是认知主体对自身认知情况的理解,既包括认知主体对自身心理状态、能力、任务目标、认知策略等方面的知识,又包含认知主体对自身各种活动的计划、监控、评价和调节。奥马利和查莫特(O'Malley & Chamot)是关于学习策略研究的最有影响力的学者,他们依据学习认知心理过程,把学习策略分为元认知策略(Metacognitive Strategies)、认知策略(Cognitive Strategies)和社会/情感策略(Social/Affective Strategies)三大类。

奥马利和查莫特(O'Malley & Chamot)认为,在这三种学习策略中,元认知策略高于另外两种学习策略,因为元认知策略是为了成功学习一门外语而采取的管理步骤,是学习者调控学习进程的行为,是一种高层次的实施性技巧,可以对学习进程进行计划、规范、监控指导。奥克福(Oxford)认为,元认知策略涉及确定学习重点、安排学习计划和评价学习效果。在外语学习中,要使外语学习成为学习者自觉、能动的认知活动,可以利用元认知策略对外语学习的全过程进行有效的规划、监控和评价。元认知策略是策略结构中的枢纽,在学习过程中起着连接、沟通和协调学习策略系统内外各因素的作用。元认知策略是一些基本的思想方法,不仅涉及认识和分析语言学习规划、制订学习计划、监控学习活动、调控和评价学活动,还涉及监控和评价认知策略与技巧、情感或社会策略的使用情况。奥马利和查莫特(O'Malley & Chamot)指出,"缺乏元认知策略的学习者,根本没有方向或机会计划他们的学习、监控他们的进展情况或评价他们的学习效果和确定未来学习的方向"。

② 自主学习与元认知的关系。随着元认知策略及其相关研究的兴起与发展,自主学习开始受到教育界及语言学界学者们的广泛关注。霍尔克(Holec)认为自主学习就是学习者在学习过程中"能够对自己的学习负责,也就是说,能够对有关学习各方面的问题进行决策。"关于什么是自主学习、自主学习该如何定义,学术界始终没有形成一致的看法。有人认为,自主学习是指学习者能够管理自己的学习方式,根据实际情况独立确立学习目标、制订学习计划、选择学习方式和策略、监控学习过程、监控学习计划的实施及学习技能的运用和发展,并进行自我检查评估与逐步发展。实际上,传统的英语教学往往更注重语言知识的灌输和英语技能的培养,鲜少考虑外语学习者个体能力,比如认知风格、认知策略等的差异,留给学生自主学习的空间较小。如果学习者过分依赖老师,不能独立自主地设定学习目标与计划,也不能自主选择适合自己的学习策略,那么他们是难以实现学习目标的。

从以上论述中可以看出,元认知和自主学习两者之间并不矛盾。相反,他们在很大程度上是相通的,因为元认知和自主学习都强调学习者对自身学习的监控、调节和评估。它们之间是相辅相成、互为前提、互相促进的。元认知理论为学习者提供了自主学习的理论基础,使自主学习成为可能,自主学习是元认知理论在学习方面的具体体现。学习者的自主学习是一种对自身学习过程负责的能力,这种能力要依靠元认知策略来帮助学习者得以实现。

研究表明,元认知与个人的自主学习能力密切相关:元认知能力越强,学习能力越强。元认知能力强的学生能体验和意识到各种学习变量和学习方法的关系,善于使用各种学习策略。在自主学习过程中,元认知能力制约着学生对知识的感知、记忆、理解和运用,自主学习效率的高低、学习成功与否在很大程度上取决于学习者的元认知发展水平。

③ 自主学习中的元认知策略培训。经过一段时间的摸索和试验后,研究者逐步达成了共识。他们认为外语学习策略的训练应该系统而长期地进行,并将策略培训与外语教学相融合。先由教师向学生展示和示范将要使用的策略,再由学生结合教师所演示的策略,把它们应用到学习任务中。策略训练的目标不在于掌握策略的本身,而在于增强学习者的策略意识,扩大他们策略的选择范围,逐渐培养他们的自主学习能力,提高他们在学习过程中的自我监控和自我调节能力。

研究表明,在实际的英语教学中,如果要提高学习者的元认知能力,英语教师可以尝试从以下六个方面来进行:a.要让学习者明确学习目标,了解学习任务。教学目标在课始、课中、课末都对学习者的行动有导向调节作用。在教学过程中要把本课堂的具体要求和应达到的程度都告诉学习者,让学习者心中有数,明确努力的方向。b.要让学习者掌握学习材料。培养学习者认真分析每种学习材料的性质、结构、难度、主次的能力,以便他们能合理分配学习的时间和注意力。c.要让学习者注意学习策略的使用。在完成学习任务之前,要让学习者充分考虑哪些策略可供使用,哪些策略能有效完成当前的学习任务,要有意识地学会选择有效的学习策略。d.要让学习者把握自己的认知特点。教师要引导学习者充分认识自己的认知特点,了解自己的学习风格,并积极探索适合自己的英语学习方法。e.要让学习者学会对自身的学习过程进行有效的自我调节。教师要有意识地培养学习者在学习过程中能敏锐地判断可能会出现的困难、障碍,准确分析这些问题出现的原因,并能适时地进行调整,总结有效的学习方法。f.要让学习者学会自我发展。教师要善于激发学习者更大的成就动机和内在动力,激励学习者朝自己所定的目标去奋斗。

奥克福(Oxford)提出了学习策略训练"8步法"的模式:a.确定学习者的需求和可利用的资源;b.选择适当的学习策略;c.考虑综合策略训练的优势;d.考虑动机因素;e.准备材料与设计活动;f.操作"清晰和自觉的策略训练";g.评估策略训练;h.矫正策略训练。奥马利和查莫特(O'Malley & Chamot)提出认知性语言学习方法(the Cognitive Academic Language Learning Approach),简称 CALLA。CALLA 模式从认知的角度研究语言的学习和策略的培养。该模式指出,语言的学习是一项复杂的认知技能,必须经历一系列的阶段,如深入地练习、及时地反馈等,才能达到完全自主的学习状态。CALLA 模式设计的学习策略教学包括准备、展示、操练、评价、扩展五个阶段。

综合上述研究和观点,并结合广大专家和学者的教学实践,自主学习中的元认知策略培训应从以下五个方面着手。

- 培养学生自主学习的意识,增强学生自主学习的意愿。教师应该让学生意识到只在课堂上学习知识是不够的,是不足以掌握好一门语言的。课下进行知识拓展,并结合自身外语水平和学习情况加强听、说、读、写、译等方面的技能训练是十分必要的。此外,教师应该进行有效的引导,为学生提供多种渠道去获取更多的知识,并通过介绍和拓展文化、社会、文学等方面的相关知识,增强学生对某个方面进行深入学习的兴趣,从而产生课下自主学习的强烈愿望。
- 帮助学生纠正错误的思想观念,克服心理障碍。例如,一些学生由于基础薄弱或者初级阶段外语学习条件的制约导致口语水平较差,就把自己的落后归因于学习能力差,对自己外语水平的提高没有信心。此外,他们认为自己和优秀的学习者相比较没有任何可取之处,因此在课堂上表现出紧张、畏惧,这些负面情绪不利于语言水平的提高。教师要鼓励这些学生客观地认识和评价自己在外语学习中取得的成绩和存在的问题，找到真正制约自己的因素，并鼓励他们增进与教师和同学之间的交流，了解更多更适合自己的学习策略。

- 以"学生为中心"设计课堂活动，使学生充分发挥学习的积极性和创造性。转变传统的以教师为中心的教学模式，为学生创造发挥主观能动性的机会，给他们思考和行动的空间及自由。例如，课前布置预习任务，课上针对疑难问题提问并鼓励学生通过思考和讨论解决问题，教师给予总结归纳。还可以布置小组任务，提供探究主题，学生积极参与小组讨论和头脑风暴，展示自己的讨论成果。通过各种方式使学生形成积极思考、独立解决问题的习惯。

- 帮助学生了解和掌握自主学习的技能。教师在教学过程中要有目的、有意识地给予学习策略的指导，帮助学生发现、了解并利用英语词汇、听力、写作等方面的学习规律和技巧，逐渐帮助学生养成在学习中发现、总结规律的习惯，并学会根据自己的学习需求和特点在实践中内化这些学习规律，形成适合自己的学习方法与学习风格。

- 引导学生对自己的学习结果进行客观的反思和评估。教师应该引导学生反思自己学习的特点和方式，发现并发挥自己的优势和特长，同时也要正视自己的弱点和不足，寻求更加有效的学习方法。总之，教师必须注重元认知策略的培训，方能真正增强学生的自主学习意识，培养学生独立分析和解决问题的能力，以真正解决自主学习的核心问题。

- 元认知监控策略的内涵。元认知是学习策略中的一个重要概念，它是"对认知的认知"，即个体对自己的认知过程和结果的意识与控制。元认知包括元认知知识、元认知体验和元认知监控。在元认知的三个要素当中，元认知监控最为重要。元认知监控是指学习个体在认知活动的全过程中不断地对认知活动进行积极的监督、控制和调节，以达到一种最佳认知效益状态。元认知监控过程主要表现在对学习计划、监督和调节三个相互联系的环节上。教师在教学过程中对教学策略的调节和学生在学习过程中对学习策略的选择、使用与调节均属于元认知监控内容。元认知监控具体体现在对学习目标的坚持性、学习策略的有效性、注意分配的合理性、利用时间的合理性、学习效果的有效性等方面的监控。

元认知监控的构成成分体现在以下三个方面。

- 意识性：在学习活动中清楚自己的学习目标、学习对象和学习任务。
- 方法性：在学习活动中选择并能采取适合自己个性特点和特定学习内容的学习策略。
- 执行性：在学习活动中能有效控制并督促自己执行学习计划、排除各种干扰因素、克服焦虑情感，保障学习的顺利进行。

在自主学习的过程中，有效使用元认知监控策略需要做到以下四点。

- 科学设定学习目标，制定合理且可行的学习计划。在计划执行过程中可以采取自我提问的方式监控计划的执行。学习者可以经常反问自己：我要学什么？怎样学？学习效果如何？是否实现了预期设定的学习目标？通过这种方式可以不断增强学习者的自我监控意识，提升自我监控能力，尤其是元认知监控能力。
- 不断进行自我反省。自我反省也可以称为自我反思，主要用于对学习方法和策略的指导，其主要内容包括反思掌握知识的认知过程，即对学习方法和对寻找解题路径的过程进行反思。
- 适时进行自我调节。自我调节是学习者对已经完成的学习活动及其结果进行自我意识、自我评估，弄明白自己到底学了些什么。自我调节的学习是指学习者为了保证学习的成功、提高学习效率、达到学习目标，主动地运用与调控元认知、动机与行为的过程。
- 提高自己元认知监控能力。研究表明，元认知监控能力与自主学习能力有着密切的关系，提高元认知监控能力实际上是提高学习者进行自我规则、自我调节的能力。如通过归纳总结一些适合自己的元认知监控策略来提高监控水平与监控能力。

（2）情感调控策略

情感因素作为非智力因素，在高职外语教学与自主学习中起着非常重要的作用。学习者在学习过程中对自身情感因素的调控直接关系到语言学习的效果，甚至关系到语言学习的成败。

情感指学习者在学习过程中的感情、感觉、情绪、态度等。在英语学习中，情感心理可以分为学习者个体情感因素（含学习动机、归因方式、自我效能、焦虑、抑制、自尊、自信心等）和学习者与学习者之间及学习者与教师之间的情感心理（包括移情、课堂交流、跨文化意识等）。情感因素的自我调控是指学习者个体有意识地发挥情感因素的积极作用，排除或减小情感因素的消极作用。情感调控策略主要体现在对学习动机、归因方式、自我效能、自信心、学习态度、焦虑等情感因素的控制与调节。积极的情感参与是学生自主学习的动力因素，如教师的鼓励与关爱都会使学生感受到教师是关注他的，从而激发出一种内在学习动力去回报教师的关爱与期望，就有可能产生一种"皮格马利翁效应"，这种效应有利于孩子的成长与发展。下面重点介绍学习动机、归因方式、自我效能等情感因素。

① 学习动机。外语学习动机是直接推动学生外语学习的动力。不同的研究者从不同的角度对学习动机进行了不同的研究分类。加德纳（Gardller）将动机分为融合型动机（Integrative Motivation）和工具型动机（Instrumental Motivation）。

前者指学习者对目的语社团有特殊兴趣,期望参与融入该社团而产生的学习愿望。影响学习动机的因素涉及认知(自我概念、自我效能、主体感)、情感(包括动机、态度、需要、自信心、焦虑等)和社会环境(包括社会需求、外语教师、家长、同龄人、教学大纲等)等。加德纳(Gardller)指出,动机是语言学习成功的最主要因素,因为动机和态度共同决定了学习者个体积极参与语言学习的程度,并决定着学习策略的选择。奥克福(Oxford)也曾指出,在所有可测量的变量中,动机是所有学习策略使用中最具影响的因素。

② 归因方式。归因是指个体对自己的成功或失败所作出的因果解释。心理学研究表明,人对自己或他人的行为有一种比较稳定的归因倾向,有人倾向于行为的内部归因(能力或努力),有人倾向于行为的外部归因(运气或任务难度)。韦纳(B. Weiner)认为,学生一般将自己的学习成败归因于四个因素:能力、努力、任务难度和运气,并将这四个因素分成控制点、稳定性、可控性三个维度,韦纳(B. Weiner)的成败归因理论的三维度分析见表6-4。

表6-4 韦纳的成败归因理论的三维度分析

归因类别	成败归因维度					
	稳定性		因素来源		能控制性	
	稳定	不稳定	内在	外在	可控	不可控
能力	√		√			√
努力		√	√		√	
任务难度	√			√		√
运气		√		√		√

从稳定性维度,可以将学习成败原因分成稳定的和不稳定的。从因素来源维度,可以将学习成败原因分成内在的和外在的。依据可控性维度,又可以将学习成败原因分成可控的和不可控的。能力是一种内在的、稳定的、不可控的因素;持久努力是一种内在的、稳定的可控因素;任务难度是一种外部的、稳定的不可控因素;而运气则是一种外部的、不稳定的、难以控制的因素。学生对学习归因的方式与其学习策略的有效使用密切相关。有研究表明,学习的努力归因与学习策略各项都存在着非常显著或显著的正相关关系,凡是把学习成败归因于努力程度的人,其学习策略水平都较高。因为为了取得好成绩,这些学生在后续的学习过程中会根据学习需要自觉调整学习方式,激发新的学习动机,端正学习态度,改善外部学习条件或调控学习计划与学习行为,表现出较高的策略水平。

研究表明,学习者关于学习成功或失败的归因倾向对自主学习有非常重要的影响。金默尔曼(Zimmerman)认为,如果学习者将自己的学习成功归因于能力,而将学习失败归因于努力程度不够,那么就更容易激发学习者学习的自主性;相反,如果学习者将自己的学业成功归因于外部不可控因素,而将学业失败归因于自身能力不足,那么就会影响其自主学习的主动性。韦纳(B. Weiner)认为,那些将学习失败归因于稳定的内部因素的学生,在学习过程中往往表现出消极、焦虑、低自尊。张庆宗认为,学习者倾向于将自己的学业失败归因于弥补的或纠正的原因,而将学习成功归因于自己的能力;即使学习有时导致不良的学习结果,这种自我保护性的归因也会引起积极的自我反应。如果学习者个人将成功或失败归因于学习策略的运用,也会直接诱发他们积极的自我反应,如调整学习计划、改善学习策略;反之,如果将成败归因于自己的能力太差,则有可能引起消极反应,如放弃努力、悲观丧气等。可见,积极的归因态度有助于自主学习能力和水平的提高,消极的归因态度则不利于学习者的自主学习。

③ 自我效能。自我效能论是社会认知学派代表人物班杜拉(Albert Bandura)提出的一种动机理论,自我效能指个体对自己能否胜任某项活动的自信程度,即"个体在执行某一行为操作之前对自己能够在什么水平上完成该行为活动所具有的信念、判断或主体自我把握与感受"。自我效能论作为一种动机理论,其理论基础是三元交互决定论,即从个人、行为和环境交互作用的角度来理解自主学习问题。研究表明,自我效能感是影响学生自主学习的重要内部因素。自我效能感具有四大重要功能:a. 影响或决定人们对行为的选择及对该行为的坚持性和努力程度。如果学习者的自我效能感强,则更具坚持性和恒心;b. 影响学生对待学习困难的态度。学习效能感越强,越具有挑战困难的勇气,更愿意挑战完成有一定难度的任务;反之,自我效能感低的学习者则比较容易气馁;c. 影响学习者的思维模式,进而影响新行为的习得和行为表现;d. 影响学习者的情感反应模式,即影响学习时的情绪。高效能感个体在与环境发生交互作用时,通常非常自信地认为自己有能力把握环境,因而能将注意力集中在对任务的要求及困难的把握上,通常具有积极、平静的良好情绪;而自我效能感低的个体则会更多地将注意力放在可能失败和不利的后果上,其结果是产生焦虑或恐惧的情绪,从而阻碍已有行为能力的表现。总之,高自我效能感个体在学习过程中通常表现得自信、积极、勇于挑战困难;而低自我效能感个体则显得不自信、焦虑、恐惧与不安,经常会逃避困难。

国内外许多学者的研究表明,自我效能感是影响学生自主学习的非常重要的动机因素,学生的自我效能感与其认知策略、控制策略、努力程度显著相关。班杜拉的学生申克(Schunk)认为,在自主学习过程中,自我效能感既影响学习者的目标设置过程,又影响其学习的自我调节过程。学生的自我效能感越强,通常为自己设置的学习目标越高,对学习的自我调节能力也越强。自我效能感也影响学生对自主学习策略的运用。学习策略的低水平与自我效能感的低水平是并存的。自我效能感在自主学习计划、行为表现和自我反思阶段都会产生相应的影响。相信自己能完成学习任务的学生,会更主动地运用认知和元认知策略,学习也会更加努力。自我效能感高的学生能更有效地使用自主学习策略、监控学习过程,遇到困难时更能持之以恒。同时,随着自我效能感的提高,学生对自己的学习结果所做的评价会提高,学习会自如地进入一种良性循环的状态。金默尔曼的研究表明,自我效能感与学生的评价、组织、计划、目标设置等自主学习能力呈正相关。学生的自我效能感通过目标设立、自我监控、自我评价、策略运用等自主学习过程来影响他们的学习动机。学生越觉得自己的能力强,越会选择有挑战性的学习目标。国内学者周勇、董奇的研究发现,学生的自我效能感越高,其自主性也越高;而自我效能感低的学生在学习自主性方面也表现不佳。另外,自我效能感与学业成绩也呈正相关。自我效能感会影响学生的目标等级,进而直接或间接地影响学生的成绩。自我效能感是影响自主性学习的一个重要动机变量。

张庆宗认为,自我效能感不仅影响学生的学业目标选择、努力程度、意志控制,而且影响学习策略的选择,进而影响学业成绩。高职英语教师的另一个重要任务是尽可能地帮助学生提高其自我效能感水平,这是培养学习者自主学习能力、提高学习水平的重要手段。

(3)学习资源管理策略

学习资源管理策略(Resource Management Strategies)是辅助学生管理可用环境和资源的策略。进行学习资源管理的目的是帮助学生适应环境及调节环境以适应自己的需要。学习资源管理策略对学生的学习动机具有非常重要的作用。学习资源管理策略包括对学习时间的管理、对学习环境的管理、寻求他人支持等。

① 学习时间的管理。时间是影响学习效果的一个变量因素。但学习时间不一定与学习效果成正比。国外的研究者在相关研究过程中区分了两个重要的时间概念:一个是可以利用的时间量,具体体现为教师教学时间的分配(可用时间);另一个是实际利用的时间量(积极学习时间)。研究表明,学生在一定的可用时间内参与学习活动的时间越长,对提高学习成绩的贡献度就越大,即学生的积极学习时间与学习成绩之间存在正相关。进行有效时间管理的策略如下:a.科学计划,合理安排学习时间,制订详细的学习时间安排表;b.主动参与学习,提高学习效率,并做好学习情况记载,如写学习日记;c.选择难度适度的学习任务,保证学习活动的顺利完成。

② 学习环境的管理。良好的学习环境可以营造良好的心理氛围,促使学生以良好的心境轻松愉快地投入学习活动中。教师要创设有效的学习环境,营造民主和谐的学习氛围、为学生搭建舞台、创设机会。在教学活动中,一个有经验的教师应该尽可能地给学生留出自主学习的空间,让学生自己确定学习目标、选择学习方法和体验成功与失败;要创设机会,让学生去争取和把握;要创设氛围,让学生去探索和思考;要激发热情,让学生去参与和实践。教育学家苏霍姆林斯基说过,"促进自我教育的教育才是真正的教育"。只有教师的教育与学生的自我教育协调发展,

形成"共振"的时候,教育才是有效的。要提高学习者的自主学习能力,努力创设民主和谐的自主学习环境尤为重要。自主学习不是学生自己在一个封闭环境中的埋头自学,而是需要一个轻松和谐的环境,也需要教师的指导与鼓励、学习同伴的合作与相互交流,这样师生之间、生生之间才能发生思维的碰撞,才能产生智慧的火花,才能在民主、合作、探究的氛围中提升自我。

③ 寻求他人的支持。资源管理策略的另一个重要成分便是寻求他人支持。在自主学习过程中,尤其在"互联网+"背景下的英语自主学习中,面对海量信息及多媒体、超媒体技术,学生难免会产生学习畏难情绪,碰到困难时,甚至会陷入学习困境。这时最有效的应对策略便是寻求外界的帮助和支持,如寻求教师或伙伴帮助、进行小组合作学习、获得个别指导等。自主学习并非关起门来孤立学习,而必须与他人相互切磋,相得益彰,正如《学记》有言:"独学而无友,则孤陋而寡闻。"

2. 外部监控策略

外部监控策略指教师、教学管理部门、学习同伴等外在力量对学习者的自主学习活动的适度介入、监督、评价、控制等一系列活动,其主要包括教师角色介入、同伴相互监控、班主任及辅导员介入、教学管理机构(含教学督导)介入和网络技术监控。

(1) 教师角色介入

在基于计算机网络的英语学习环境下,教师在自主学习中的作用不是减弱而是加强了。教师可以利用各种机会,适时地引导学生探索适合自己的学习方式、主动学习、确定学习目标、制订阶段性学习计划并监控学习过程、评估学习结果。正如我国著名教育家叶圣陶先生所说,"教师之主导作用,善在善于引导启迪,使学生自奋其力,自致其知。非教师滔滔讲说,学生默默聆受。"

随着网络技术的普及与发展,大学生的学习环境面临着革命性的变化,同时,许多学生在海量的学习信息面前表现得束手无策,教师进行合理的角色介入就显得尤其重要。我们认为教师在英语网络自主学习过程中扮演以下十大角色:帮助者、组织者、激发者、监控者、指导者、诊断者、学习顾问、协调者、个体差异的发现者和指导者、评估者。

① 作为帮助者。在"互联网+"背景下的英语自主学习过程中,教师的帮助必不可少。学生在确定学习目标与计划时会期盼着教师的指导与帮助,使其学习目标明确、学习计划可行。同时教师还兼有资源提供者的角色,有责任向学生推荐真实的语言学习材料和其他有用的学习资源、英语学习网站等;帮助学生了解、认识整个网络自主学习系统的庞大功能以及它对于英语学习的重要性。

② 作为组织者。教师应利用网络资源和自主学习的平台,组织各种课内课外的教学活动,包括个体活动(如让学生和计算机中的任务进行"对话"、练习语音、快速阅读)、两人活动(如 E-mail、QQ、微信交流)和小组活动(如在线论坛、博文发布)。

③作为激发者。教师可以帮助学生设立自主学习目标,建议完成目标的方式方法,及时与学生沟通交流和为学生排忧解难,增强学生通过自主学习平台和其他方式完成学习目标的信心。实行情感教育,激发学生的学习动机。要提高学生学习英语的主动性、学习动力和学习心理优势,教师必须用心培养学生学习英语的兴趣和情感,对学生倾注真挚的关爱和热情。

④作为监控者。教师应能监控学习者学习目标与计划的制订及执行情况,通过多种途径随时监控学生的学习进度及学习效果(如通过网上作业上传、组织学生开展讨论、充分利用 E-mail、QQ、微信、学习通等方式增进师生和生生交流)、监控学生的学习进度(如严格设定只有通过一个单元的学习与测试才能进入下一阶段学习流程的模式)、监控学生的自主学习时间、时长和次数等。

⑤作为指导者。教师要有计划地、系统地向学生介绍学习内容、进度、作业布置、时间安排及教学目标,并针对不同的学习内容介绍适合的学习方法。在英语网络自主学习过程中,教师也应为学生指明正确的自主学习方向,比如如何在繁杂的学习资源中选择自己需要的学习内容;应采取哪些学习策略,从而将自主学习与课堂英语学习相结合。

⑥作为诊断者。教师应定期对学生的自主学习情况进行诊断,及时发现并排除阻碍学生下一阶段自主学习进展的障碍。借助 E-mail、微信、学习通等便捷、有效的渠道与学生交流探讨问题。

⑦作为学习顾问。当学生面临学习困难或陷入困境时,教师要能及时为学生排除学习障碍,给予有效的学习建议,提供及时的帮助,鼓励学生克服困难,找到解决问题的办法。

⑧作为协调者。所谓协调者,指的是教师在学生自主学习过程中应能协调可能出现的各种矛盾与问题,如学生与学生的矛盾、学生与教辅资源的矛盾、学生与老师之间的矛盾等。教师协调者的角色自始至终贯穿于英语教学与网络自主学习的整个过程中。

⑨作为个体差异的发现者和指导者。因材施教是高职英语教学应遵循的重要原则,这就要求高职英语教师要注重分析学生的个体差异,了解个体不同的学习风格,实行个性化辅导教学。要开展一系列监控、指导、诊断、评估等教学活动,还应定期地、有针对性地对个体学生进行跟踪调查研究,给予个别指导和鼓励。

⑩作为评估者。建立科学的评价体系,依据科学评价尺度,加强对学习过程和结果的评价,可以有效促进教学目标的实现。作为评估者,教师对学生的网络自主学习既要进行反映学习结果的终结性评估,也要进行反映自主学习过程的形成性评估,将过程性评估与结果性评估有机结合起来。

在基于"互联网+"环境的高职英语教学实践中,英语教师必须更新教学理念,确立与时俱进的教育观念。新的教育观念包括新的教学观、新的课程观、新的讲授观和新的评价观。新的教学观,即由师生互动过渡到生生互动和人机互动,逐步确立学生在教学过程中的中心地位;新的课程观,即由师生以教材为中心过渡到学生以计算机和课件与教材的有机结合;新的讲授观,即由面面俱到的以教师唱主角的"填鸭式"讲授过渡到促进学习者进行主动知识建构的、按知识结构体系来进行的讲授,实现以"导学"为主的精讲多练,在教学中充分发挥学习者的自主性、积极性和主体性,从"教"变"导";新的评价观,即通过改革课程考核评价体系将注重学习过程的形成性评价与体现学习结果的终结性评价有机结合,实现评价体系的创新。

（2）同伴相互监控

同伴相互监控是自主学习外部监控的重要组成部分,也是合作学习的有效途径。同伴相互监控的基本内容和方法有:a.共同制订学习计划并签订互助协议。b.共同约定学习内容并按计划和约定实施定时定点相互检查。c.设计交互活动,如结对活动或小组学习与讨论活动,并相互监督实施。d.相互检查学习结果,并给予评价,给出学习策略调整建议。e.在完成学习周期后,各小组成员给同伴给予真实合理的评价意见,即进行小组成员互评。

（3）班主任及辅导员介入

班主任和辅导员是高职学生生活及学习管理成员的重要组成部分,与学生联系密切,对学生的个性特点、生活习惯及学习风格往往比较熟悉。因此,如果班主任及辅导员能对学生的英语自主学习给予适当的干预,往往会起到意想不到的效果。其积极干预主要表现在以下几个方面:a.进行人生观和理想观教育。科学正确的人生观和理想观教育会激发学生的学习动机,使其明白外语学习在其终身教育和个人事业发展中的重要意义。b.进行学习策略的引导与培训。c.进行学习时间的管理,通过建立一些量化考核标准可以督促学生有效安排自己的自主学习。d.对学习结果给予积极反馈,进一步激发学习者的学习热情。

（4）教学管理机构介入

教学管理机构介入主要指高职院校教务管理部门通过学分制、教学督导制等方法手段对学生的英语自主学习采取的一系列积极干预。首先,通过制度建设将英语课程的自主学习纳入学分管理,体现学校对大学生英语自主学习的重视,从而有效保障高职英语自主学习的实效。其次,通过教学督导加强对自主学习的监督管理。教学督导监控模块包括:理论指导、信息收集、横向协调、纵向沟通等。

（5）网络技术监控

网络技术监控指高职英语教师或网络学习平台的管理员充分利用网络平台的管理功能对学习者的网络自主学习实施的实时监控,包括学生学习平台的登录注册,上网学习时间,浏览内容,练习及测试成绩评价,聊天记录,教师辅导答疑,生生、师生及人机互动情况等给予详细记载,还可以形成书面报告供教师参考,以全面了解学生在基于"互联网+"平台的英语自主学习情况,并作为形成性评价的参考要素。

第七章 "互联网+"与英语教学的融合

一、"互联网+"与英语教学融合的原因

"互联网+"与英语教学相结合是教育教学改革的一个新途径,与学科教学有着密切的关联性和继承性,同时又具有相对独立性。"互联网+"与英语教学相结合,不是把"互联网+"仅仅作为辅助教或辅助学的工具,而是将它作为促进学生自主学习的认知工具和情感激励工具。利用"互联网+"所创建的合作学习、资源共享、即时交互、自主探究的学习环境,能充分调动学生的学习积极性和自主性,努力提升学生的创新能力和实践能力,培养新时代亟须的创新型人才。但"互联网+"在英语教学运用中也存在误区,尤其是部分中老年教师对使用"互联网+"进行教学仍存在偏见和误解。因此,"互联网+"与英语学科教学整合,需要广大教师的实践探索、不懈努力,才能取得丰硕成果。

(一)有利于推动英语课程教学改革

课程是一种进入教育领域的特殊文化,而教学改革实际上是课程文化的变迁和创新。"互联网+"的迅速崛起和普遍应用,推动了工业文化向信息文化的转换,它在教育领域就集中表现为信息化课程文化的建构。了解这一背景后就不难理解"互联网+"与英语教学的历史使命实质上就是建构新型的信息化课程文化。从19世纪末到现在,以计算机和网络通信为核心的"互联网+"在社会各个领域中得到了广泛的应用,加速了各个领域的发展和革新,同样也对我国的教育产生了巨大的冲击。"互联网+"进入英语课堂已经成为我国教育改革的必然。那么,怎样把"互联网+"与英语教学整合起来呢?怎样才能最大限度地发挥"互联网+"的优越性从而推动整个英语教学的发展呢?

"互联网+"具有其他教学手段无法比拟的特有效果,它通过声音、文字、图像、音像相结合的方式,为学生提供更直观、生动和有趣的学习资源,有利于激发学生的学习兴趣和自主能力。在英语教学中科学合理地利用"互联网+",教师的角色变讲授为引导,学生变被动接受为主动参与,以多样化的教学形式吸引学生参与英语实践活动,提高学习效率。此外,学生还可以自由地选择对自己有用的内容进行学习。"互联网+"在英语教学中的运用,使学生的学习不仅局限于课堂、教材和教师的传授,还把目光投向了全国甚至是全球。互联网给学生的学习提供了一个极具优越性的平台,全国各所大学除了有校园网,还与许多其他学校建立了资源共享的合作伙伴关系,极大地丰富了学生的学习资源。

通过使用"互联网+"技术,将电子媒体(数字化的文字、图形、动画、图像、音频和视频)充分应用到英语课堂,给学生的学习提供丰富多彩的信息资源。教师从海量的学习资源中选择适合学生的学习内容,并在合适的教学环节中使用这些资源,这种资源的选择和整合对于高职学生的英语学习尤为重要。一是有利于学生接触到最纯正的口语。大部分高职学生的英语发音不够标准,原声音视频能帮助学生准确发音,提升英语语感、口语和听力能力。二是有助于职场情境的创设。导入真实的职场视频,能更好地引导学生思考和完成学习任务。三是可帮助学生养成借助英语视频学习英语的习惯。在图文并茂、色彩纷呈、形象逼真的多媒体图文影像环境中学习语言文化知识,可使学生听得准、记得牢、学得多,教学效果必然会比传统教学的效果好得多。

(二)为英语课程的教与学提供更广阔的实践空间

"互联网+"为英语课程的教与学提供了更广阔的实践空间,使课堂生动、学生主动、师生互动,使英语教和学都达到较好的效果,这无疑将成为信息时代占主导地位的课程学习方式,也将成为21世纪学校教育教学的重要方法。因此,我们要充分利用信息技术平台和手段,发挥"互联网+"在英语教学中的巨大作用,积极探索"互联网+"提升英语教学效果更有效的方法,不断创新和发展教学方法和手段。

校园网是运用"互联网+"进行教学的基础,教师要首先利用好校园网。一是利用校园网的光盘库。英语教材都配备了同步的光盘或视听说教学资源,方便教师在教学中使用。二是教师可以通过校园网使用教学资源库的歌曲、影视音像资源,方便在课堂上进行听说练习,比如听英文歌曲,学生听写、跟读、朗诵、学唱等,寓教于乐,增加英语课堂的趣味性。三是教师可以使用校园网内的教学资源充实教案,丰富教学资源和内容,如与课文主题相关的图片、文字、歌曲、影像、网址等,让校园网更好地为教学服务。

"互联网+"在英语教学中的运用,最重要的是教师愿意探索和使用互联网资源和课件教学。"互联网+"能为学生创设良好的英语学习环境,提供更多语言实践和训练机会。例如,口语学习和操练的 App,可以方便学生进行人机对话、英语配音、真人会话等,学生在情景会话和角色扮演时,提升了语言运用能力和交际能力,并能体会网络学习工具带来的乐趣和成就感。教师还可以自己制作音频或视频课件,在课堂上通过音频、视频多媒体播放关于英语国家文化、地理知识、风俗习惯等的视频,让学生在真实、生动的场景中学习,了解和熟悉英语国家的文化传统、文学作品、名胜古迹、历史发展和地理知识等。教师还可以鼓励学生设计课件和制作视频,从培养学生的"听、说、读、写、译"综合能力出发,创设情景任务,激发学习动机,引导学生正确理解和运用所学的内容,并且突出重点、难点,提高学生综合运用语言的能力。

(1) 优化知识结构,开拓学生的视野

教师从英语网站或英语公众号选取有用、有趣的知识内容,播放与课文内容有关的背景知识视频,让学生在掌握课本知识的基础上进一步拓宽知识面,并把学到的英语知识应用到真实的职场英语情境中。

"互联网+"教学的优势有:一是它使学习超越时空,学生在课后仍然可以反复学习视频内容,遇到问题可以及时寻求帮助。学生可以随时随地地巩固语言基础知识,练习听力、口语,深入学习探究,能有效地激发学生的兴趣,培养学生自主探究的能力,提高英语教学质量,实现教师、学生、教材和教学方法的新组合。这对于高职院校的学生非常重要。高职英语课程的课时有限,学生向教师当面请教和学习的时间和机会不多,如果学生在英语自主学习的过程中遇到问题,不仅可以搜索网络教程答疑解惑,还可以通过微信、QQ 等实时通信 App 随时与教师沟通。二是它为学生创造了图、文、声并茂的学习环境,拓宽了学生的学习途径和知识结构。网络资源提供了一个巨大的学习空间,在教师的引导下,学生学会从精彩纷呈的英语学习天地里选择适合自己的学习资源。教师可以引导学生在课前收集和整理与教学内容相关的素材作为学习资源的拓展,或由学生在课堂上分享和讲解,还可以将经过认真筛选的学习资料与学生共享,引导学生正确利用英语网站获取信息,拓展有限的课文内容,这些方式的学习使教学信息得到极大扩充,知识范围得以广泛拓展,课堂结构更趋于开放,从而开阔了学生的视野,与此同时,让学生感受到英语学习的趣味性、生动性和有效性。

(2) 创设教学情境,提高学习效率

巧用现代化教学手段,更好地创设英语学习情境和氛围。根据《高等职业教育专科英语课程标准》的要求,英语学习任务和活动应注重情境的真实性,而由于在校大学生的阅历和经历有限,绝大部分学生难以通过教材和教师的抽象描述感受到话题的情境,但互联网能有效地解决这一矛盾。学生通过观看视频,能真实地感受到各个话题的会话情境、英语交流技巧、中西文化差异等。学生熟悉了话题情境后,教师也能设计出更加丰富和多样化的教学任务和活动。例如,教师可以选择与教学主题相关的网络视频,首先播放一遍带有原声音频的视频,让学生了解场景和对话大致的内容,然后关闭声音重放视频,每一句话后暂停,要求学生根据无声视频场景,回顾或自主设计本环节的会话内容,还可以要学生为无声视频配音。此外,为英文电影、美剧片段配音或使用 K 歌软件录制英文歌曲,也是"00 后"大学生感兴趣的方式,能很好地实现寓教于乐。教师还可以鼓励学生录制职场会话和 TED 演讲的视频,通过模拟真实的情景,学生对英语学习更有新奇感和积极性。学生完成这些活动后,可以将视频或配音文件上传至学习通或其他学习平台,方便同伴之间的相互学习和评价。在英语教学中,直观教学优于一般的讲解,以加深学生对所学知识的理解。例如,在学习不同职业的单词时,教师可以通过网络找到相关词汇的 Flash 动画,并展示给学生,使学生在短时间内掌握新课的内容,从而收到很好的教学效果。教师在课件中有机地插入这些材料,可以使学生多角度地解读课文,通过一幅幅彩色画面,使学习由抽象到直观,由枯燥到有趣。这些学习任务都充分考虑了当代高职学生的兴趣爱好和学习习惯,还结合了听、说、读、写、唱、玩、演、创等技能,不仅能训练学生的英语听力水平、记忆力和专注力,而且能培养学生的英语运用能力、职场交流能力和自主探究能力,最终提高学生的学习兴趣、参与热情和自信心,提升学习效果。而正是由于"互联网+"的便利性,这些教学活动才能顺利开展和呈现出理想的效果。

(三)"互联网+"英语课堂与传统课堂的对比

1. 传统的英语课堂教学

传统的英语课堂教学只重视英语知识的机械输入和积累,上课时,大部分英语教师将重点放在语法、词汇等语言基础知识的灌输,这不仅忽视了学生的英语应用和实操能力,而且忽视了学生在学习英语过程中总结、提炼和自我改进的过程,学生的创新能力和自主探究能力受到限制。

而高职高专新课标要求英语教师在课堂教学中,不仅要有效灵活地传授知识和技能,同时还要激活课堂气氛,调动学生学习兴趣,师生之间要进行情感交流、教学互动。教师应设计生动活泼的课堂教学活动,寓教于乐,将交际能力的培养作为主线贯穿始终,把教育思想和教育内容融为一体,把知识性和趣味性融为一体。教师不仅要教给学生语法结构,还要教会学生如何使用语言,通过"使用语言"来真正地"学会语言",使外语教学过程成为语言交际的过程。创建开放性、引导性的课堂以提高教学效率,学生的自主学习是第一位的,教师的引导调控是第二位的。着眼于学生自主发展的空间,既是对学生运用语言的评价,又指向了学生的学习态度、其激励的效果也是显而易见的。

总之，教师须将教与学的主体地位交给学生，让学生积极参与英语语言实践，才能提高学生学习英语的兴趣，真正实现教师上课有激情，学生听课有热情，师生互动能煸情，学生交流能尽情。

2. "互联网+"背景下的英语课堂教学

"互联网+"兴起后，计算机辅助语言学习进入了一个新的阶段。根据教学组织形式的不同，可以将当前网络信息技术支持下的外语教学分为网络信息技术支持下的远程外语教学和网络信息技术支持下的英语课堂教学。在这些领域的研究中，既有来自外语教学研究领域的专家学者，如陈坚林、庄智象、何高大、章国英等，也有来自教育技术研究领域的专家学者，如何克抗、戴正南、黄光远等，他们从语言学和语言教学法、教学系统设计、教学媒体、教育传播学等不同的角度对网络信息技术与英语课堂教学的整合进行了研究。总的来说，外语教学研究者主要关注语言学习的内在机制、规律，而教育技术研究者对于教学策略、教学组织形式、信息传递途径等关注较多。

教学模式可以被定义为是在一定教学思想或教学理论指导下建立起来的较为稳定的教学活动结构框架和活动程序，它包括教学思想、教学方法、教学组织形式、教学步骤、师生活动等要素。根据外语教学法的主流学派分类，当前"互联网+"技术和英语课堂整合下的教学模式可以分为以下三种。

(1) 翻译法模式

现代翻译法在批判古典机械的语法翻译法及词汇翻译法的基础上，吸取了语言学、心理学、教育学的新理论，并通过总结外语教学的新经验发展而来。翻译法重视阅读、翻译能力的培养和语法知识的传授，结束了语言三要素的单项教学，实行以课文为中心，语音、词汇、语法的综合教学，兼顾听说和写作能力的培养，在教学中最大限度地发挥了母语的作用。其基本的教学流程是：朗读课文→初步翻译→讲解语法规则和词汇→逐字逐句翻译→查看标准翻译，巩固课文理解→课后练习，巩固词汇和语法。

在信息及网络技术发展的影响下，翻译教学模式下的课堂教学也发生了一些变化。在朗读课文的环节，可能代之以光盘、录音等原声音频的引导，学生跟读；在讲解语法词汇时采用多媒体课件或网络多媒体资源，对词汇或语法进行多方位的演示、演绎，但还是以教师讲解为主；在课后练习中，提供一些网络资源或者通过网络进行师生间的交流答疑。教学诸要素之间的关系如图7-1所示。

这种教学模式在当前班级人数比较多，仍需集体授课时应用得比较多，由于翻译和讲解占用的时间比较多，所以学生和教师之间互动较少，生生之间也缺乏有效互动。在交流答疑中,也是以师生之间的互动为主,甚至由于条件限制,这种交流答疑成为虚设。

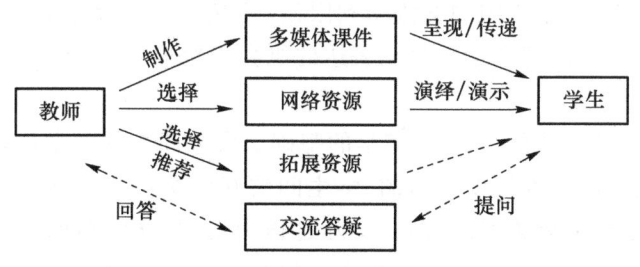

图 7-1　教学要素关系图

基于这种教学模式产生了教学产品,包括一些教学光盘、语言学习资源库、英语教学系统、英语网络课程等,代表产品有《大学体验英语》《新思维大学英语网络教学系统》《新时代交互英语》《新视野大学英语》等,它们既可以被称为网络教学系统,又可以被称为立体化教材。但从教材名称上看,产品定位比较单一,其内容也是一般教材的翻版,仍是教学的辅助工具。不论这些教学产品采用多先进的教学法或者教学理念进行设计,在课堂教学模式不变的情况下,这些教学产品仍然难以发挥出自己的优势。

(2) 听说法/视听法模式

听说法和视听法模式主张在英语学习的过程中以听说为主,读写为辅;反复实践,形成习惯;以句型为中心,排斥或限制母语;对比语言结构,确定教学难点;及时纠正错误,培养正确的语言习惯;广泛利用现代化教学技术手段等。其基本教学流程如下。

① 认识:呈现句型,通过多种形式如图片、手势、情境等手段说明意思。

② 模仿:教师反复示范,学生准确模仿,出现错误及时纠正。

③ 重复:通过练习重复模仿语言材料,达到背诵的效果。

④ 变换:通过替换、转换、扩展等手段进行练习巩固。

⑤ 选择:从已学的语言材料中选择某些词汇、句型,用控制的交际情景进行演讲、对话或表演。

⑥ 活用:自由说话,然后进行读写练习。

由此可以看出,在课堂教学中听说法/视听法的主要教学手段是"模仿"和"练习"。听说法/视听法在少儿英语或以实用为导向的外语培训教学中取得了较好的效果。一方面,听说法/视听法对教学条件的要求很高,如高水平的师资、小规模的班级、较多的课时等;另一方面,现行的教学体制主要对外语的读写能力有较高的要求,因此在高年级的英语教学中难以获得较广泛的推广。

听说法/视听法教学模式下的教学产品主要有多媒体语言教室、数字语言训练中心等。这些设备的建设费用较高,功能比较单一(仅限英语学科使用);学生被设备隔开,比较孤立,学生之间的交流受到限制;虽然学生获得语言输入的机会和质量是较高的,但平均到每个学生身上表达的机会仍然很少。

(3)交际法模式

外语交际法是在功能-意念语言学的基础上发展而来的教学法,主张真实的语言材料输入、真实的交际需要与目的、学生间的互动交流与合作。另外,外语交际法还主张培养学生的外语思维方式、交际过程中情感、交际策略等,在教学活动中重视为学生提供充分而自由的表达机会。但是交际法主要是一种教学思想,由这一思想衍生的教学方法有很多,包括情景教学法、沉浸法、任务型教学法等,其教学流程各不相同,主要的手段就是创设机会,让学生通过使用语言来达到学会语言的目的。其中,任务型教学法的流程是:a.任务前阶段,分析教学目标和教学内容,设计话题和任务,并设计相关的介绍话题和任务的活动;b.任务轮阶段,在确定任务的操作程序、任务的完成步骤等基础上,设计学生和辅导者的相关活动及流程;c.语言焦点阶段,设计语言分析和练习活动。

在"互联网+"和英语教学相结合的研究领域中,任务型语言教学常常表现为自主探究和合作探究的学习模式。网络技术既是教师用来呈现任务、激发学生兴趣的工具,又是学生用来获取资源、交流互动、展示作品和成果的工具与途径。

对这种教学模式来说,并没有与其相对应的产品,使用的设备主要是网络多媒体计算机机房、校园网平台或者移动学习设备。现在,人手一部的智能手机因为其方便快捷、功能齐全和支持个性化学习,被广泛应用于高职英语课堂教学和课外学习,它为学习者的交际或任务活动提供尽可能多的资源或者功能支持。但是,这些产品或者设备的功能能否得到充分发挥,还是取决于课堂的教学设计。

总的来说,在英语课堂教学中,针对不同的学习阶段及不同的教学内容,所采用的教学方法不尽相同,课堂教学比较倾向于采用混合式的学习模式。因此,教学产品的功能也是趋向于一个多功能的综合体,单一功能的产品难以大规模地推广。但是,教学产品的功能最大化,必须有与之配套的、较易推广的教学模式和教学方法。

二、"互联网+"对英语教学的影响

近年来,互联网在走进千家万户的同时,在高校校园内也实现了普及,教学局域网和校园网的发展有效地推进了信息化教学的开展。如今,我国绝大多数高校校园都实现了互联网全覆盖,基于互联网技术的英语教学已经成为趋势,更多的教师开始采用这种方法来提高他们的教学效率。

多年来,我国高职院校的外语教学一直被"学习效率低"的问题所困扰。由于种种原因,高职学生尽管学习多年英语,仍然难以在实际交流中自如地使用外语。这些情况普遍存在于高职院校外语教学中。自20世纪90年代互联网兴起后,我国的英语教学开始尝试与互联网的结合,随着互联网技术的发展,逐渐取得了一定的成效。随着全球化的发展,为了满足社会对外语人才的需求,高职英语教学迫切需要变革传统的教学模式。而提高外语教学质量的有效途径之一就是在教学过程中尽可能地应用现代科技,特别是利用互联网来进行外语教学。

互联网帮助构建了一个虚拟的英语学习空间,大容量的电子图书,各种图、文、声、像并茂的资料都可以在网络上呈现,并可以使学生获得更丰富的、更地道的外语信息。互联网提供了科学、规范、高效且具有针对性、适应性的英语教育资源和技能训练素材。将互联网中的信息进行合理的筛选整合,可以使教和学更灵活、丰富和高效,对现在的高职英语教学模式的优化及现代化教学模式的革新具有非常重要的意义。

在此次研究之前,作者曾做过一个英语主题的站点,主要用于英语学习资料的共享,包括英语视频、英语听力、英语文本等;同时还架设了一个论坛供广大网友交流英语学习的经验。虽然站点只开了半年多,但是作者初步认识了计算机网络和英语结合的模式,感受到了使用网络提高英语应用能力的巨大空间。作为一线高职英语教师,作者也充分利用多媒体课件、网络视频、慕课资源、手机App等信息化教学手段来教授高职英语课程。网络上种类繁多的英语网站给教师和学生提供了海量信息,可供我们根据需要下载使用或在线播放。"互联网+"对英语教学所带来的影响主要有以下三个方面。

(1) 互联网对英语教学环境和英语应用环境的影响

在英语教学中,我们实际上不应只是教会学生一门语言,更重要的是创设一个适合英语学习的环境,只有在这样的环境里,学生的自主学习能力及英语运用能力才会得到充分自由的发展。在语言上,为学生提供足量的、多渠道的、真实的、有意义的及易理解的语言输入,让学生感受到美丽、鲜活、生动的语言材料。

(2) 互联网对学生学习英语的影响

互联网使学生的学习不再受时间和距离的限制,他们可以根据自己的意愿,与教师、同学甚至异国的朋友用英语进行交流或讨论。同时,互联网上有许多英语教学网站,或为学生解惑答疑,或为学生提供练习材料,或为学生提供形式多样的在线互动语言学习活动。

(3) 互联网对英语教师的影响

教师的主导作用更多地反映在教学活动的设计、多媒体课件的制作、教学过程的组织和教学成果的反馈等方面,而这些都需要教师具有良好的自身素质。

英语教师的职业特性和专业背景使他们能更便利地接触全英文语料。互联网为英语教师从事英语教学提供了海量的语料素材,是英语教师更新知识、提高水平、充实教学内容最得力的助手,英语教师可以在这里接触到最纯正地道的英语学习资源,并可将其分享给学生学习,从而提高自身的专业素养和学生的能力素养。

当然,互联网在给英语教师带来机遇的同时,也给他们带来了挑战。要使"互联网+"真正服务于高职英语教学,首先要求教师在英语教学观念上要有现代的教育理念。高职英语教师要有终身学习的意识,摒弃旧的教育思想,把握教育发展的内在规律与时代特征,树立正确的教育观与人才观,才能满足教育技术现代化的要求。英语教师的基本功和技能技巧要在"互联网+"的促使下更加现代化和多元化。"互联网+"形式下的教育技术现代化对英语教师的基本要求更高了,而英语教师队伍的现代化正是教育技术现代化的根本,是重中之重。这就要求英语教师不仅要具备扎实的英语基本功,还要具备一定的电教基本功;不仅要不断提升信息素养,还将信息技术有机融入教学,使学生学有所乐、学有所获。在当今信息激增的时代,知识的更新和发展速度极快,英语教师如不加强自身学习,就难以达到新时代对教师的要求。其次要求高职英语教师要有创新的精神。在现代化教育实践中,英语教师需要有新颖的教学方法。教育的主要功能是培养和发展人的创新素质,而教师在教学过程中的创新设计、创新思维、创新意识都潜移默化地影响着学生,因此教师的创新精神也是良好职业素养的体现。教育技术的现代化促使英语教师教学方法的现代化。教育技术的现代化使英语教师的教学方法发生了变化,以"媒体"为主的教学方法更加灵活多样。另外,英语教师要充分发挥主导作用。在教学实践中,应当既备教材又备学生,根据学生的学习习惯、兴趣爱好和职业需求,用心选择信息化教学内容,耐心设计具有特色的教学过程,精心安排教学环节,充分调动学生学习的积极性、主动性,让学生充分体验成功的喜悦。

随着互联网和信息技术的进步,英语教学也会得到快速发展。将信息技术融入英语学科教学,需要一个循序渐进的过程,英语学科要巧用信息技术,而不是为了上多媒体课而使用;要加强英语教师的心理学、教育技术学和学科教学的学习和培训,发挥多媒体教学的长处,而不是抛开一切传统教学只要使用计算机就行。作者坚信,信息技术与英语学科教学整合策略的研究和实施,必将带来课程内容、课程实施、课程资源、教学评价及学习方式的变革,通过广大教师的实践探索、不懈努力,必将取得丰硕的成果。面对信息化时代的到来和运用"互联网+"教学的普及,我们要主动应对,跟上时代的步伐,把对"互联网+"与英语教学整合的研究和实践推向更高的水平。

三、混合式教学模式在高职英语教学中的应用

(一) 混合式教学模式

混合式教学模式(即 Blended Teaching Model 或 Hybrid Teaching Model),学界对其有着不同的界定和阐述。科里斯和穆南(Collis & Moonen)认为混合式教学模式"混合了面授学习和网上学习,教师的授课既在教室进行,又在网上进行,网上授课是传统的教室授课的延伸。"李克东将混合式教学定义为"在线教学和面对面教学的混合"。它是基于两种不同理论的教学模式的混合,教师主导活动与学生主体参与的混合,课堂教学与在线学习环境的混合,不同教学媒体的混合,课堂讲授与虚拟教授或虚拟社区的混合。何克抗基于新型建构主义的观点,把混合式教学描述为"把传统的教学方式的优势和 E-learning 的优势结合起来""既要发挥教师引导、启发、监控教学过程的主导作用,又要充分体现学生作为学习主体的主动性、积极性与创造性,只有把二者结合起来,优势互补,才能获得最佳的教学效果。"混合式教学是根据教学对象和教学目标,确定合适的教学起点和终点,将教学诸要素有序、优化地安排,形成系统的教学方案的过程。结合教学设计分析、开发、应用和评价,通过调动教师讲授与学生学习的双边积极性,使学生掌握知识体系,并从学习工具、学习环境、学习者之间的互动、学习内容、学习步调制定等方面,培养学生的深度学习能力和较强的信息素养能力,帮助其形成终身学习能力。混合式教学模式充分体现了人本主义教育思想,把学生看成能动的主体而不是被动的客体,尊重学生的个性发展,促使学生掌握知识和获取技能。

(二) 混合式教学模式构建

线上线下混合式教学有五种常见的模式——翻转课堂、双师课堂、基于 MOOC+SPOC 的教学、项目式教学和基于微信公众平台的教学。以下介绍高职院校英语教学中常用的三种模式:翻转课堂、项目式教学和基于微信公众平台的教学。

(1) 翻转课堂

翻转课堂(Flipped Classroom)模式以先学后教为设计思路,可大致分为先行探索、协作研讨、拓展巩固三个阶段。课前,教师发布探究性导学问题,学生借助学习平台先行探索,带着任务观看微视频,阅读相关文本,并完成在线检测试题。教

师主要的职责是辅助学生学习,通过查阅学生学习信息调控学习进程。在课堂教学中,教师针对课程内容组织小组合作式教学活动,集中解决教学重点和难点,并通过生生互评、教师点评等活动进行及时指导与纠正。课后,学生借助学习平台拓展巩固学习效果。学生可以通过复习网络平台上的视频、文本、PPT 等学习资源,巩固和内化所学知识。同时,教师还可以通过网络平台发布拓展性探究任务及课后练习作业,更好地诊断学生的学习效果。翻转课堂模式有利于帮助学生明确学习目标,及时诊断学生的学习效果,激励学生高效率地思考和发表见解,通过追问、补问等方式,引导学生深度思考问题,这样既能提升学生的知识与技能,又能培养学生的自主探究能力和团队协作能力。

(2) 项目式教学

项目式教学(Project-Based Learning,PBL)要求学生在课前自主学习,完成项目任务所需要的新知识,课堂上则有更多的时间独立或协作完成具体项目,能很好地解决课堂教学时间缺乏的问题。和翻转课堂模式类似,它也分为课前、课中和课后三个阶段。课前,教师可以通过 QQ 群或微信群,学习 App(如学习通)等进行微课的录制和共享,对每个教学项目进行学习设计并开发个性化学习资源,同时通过网络平台分发课前学习任务单。在学习资源的支持下,学生可以根据他们在前一时期掌握的知识和能力水平来制定自己的任务。教师通过留言板、群投票、群提问、讨论墙等,了解学生在学习过程中的困惑和遇到的典型问题,确定教学重点和难点,并及时掌握学生自主学习的效果和进度。课中,教师以教学重点和难点为引领,进行有意义的开放式提问、有针对性地引导和讨论。学生分组协作探究问题,完成学习任务,展示学习成果,教师的主要任务是正确引导、实时监控、答疑解惑、强化重点和总结评价。课后,教师发布测试任务单,让学生进一步学习和巩固所学知识。项目式教学活动的有效设计可以真正意义上实现主导主体相结合的教育思想,从而体现以人为本的教学意义。

(3) 基于微信公众平台的教学

基于微信公众平台的教学分为两类,一是单独使用微信公众平台作为支撑的混合式教学,二是"微信公众平台+网络课程/资源库"等的混合式教学。前者基于微信公众平台的资源发布、学习数据收集、用户管理、问卷调查等功能,将微信公众平台作为在线课程支撑,线上学习完全依赖公众平台的推送资源和功能。教师结合课程特点个性化设置公众号栏目,编辑、存档各种图文资源,并按照教学计划以一定的频次、每次以一定的文章数量在公众号发布,引导学生开展线上学习。该路径的优点是,资源的制作方式和推送策略完全由教师自己把握,对于具有一定网络开发技术基础的教师团队而言,还可以通过引入各种小程序和接口扩展公众平台功能,因此平台的可塑性很高,给混合式教学带来了更多的灵活性。然而,微信公众平台的资源呈现方式缺乏整体性和逻辑性,无法像网络课程平台(如慕课、

MOOC、SPOC、教学资源库等),为学习者提供关于课程的完整架构和建构思路。因此,对于已经有较丰富教学资源(视频、动画、文本、练习、拓展材料等)的课程,可以采用基于"微信公众平台+网络教学平台"的混合式教学实施路径。在这种实施路径中,课前利用公众平台的即时通信功能,将预习通知和学习材料链接等以图文推送形式发送到学习者手机端,引导学习者进入网络课程查阅相关预习资源,完成线上自学;课中,根据教学内容灵活引用课程平台资源安排线上线下学习活动;课后,通过微信公众平台推送重难点复习和内容提要,引导学生登录网络教学平台进行拓展学习,完成拓展任务。因此,"微信公众平台+网络课程/资源库"等混合式教学模式在高职英语教学中得到了广泛地使用。

(三) 高职英语课堂混合式教学的必要性和可行性

1. 高职英语课堂混合式教学的必要性

高职院校学生的英语基础参差不齐,大部分学生的英语基础薄弱,在传统的教学方法中,学生学习缺乏积极性和主动性,不少学生对于英语学习存在畏惧心理,自主学习能力较差。加之教师的教学技术手段传统,课程课时有限,教学班级人数较多,使得高职英语的教学目标难以实现。部分学生在学了十多年英语后,仍然不具备课程标准要求的听、说、读、写、译的能力水平。随着互联网信息技术的出现,教学理念和模式都出现了新的变革,翻转课堂、微课和慕课等教学方法和手段给英语教学带来了新活力。

我国的高职英语教学在 20 世纪 90 年代就开始采用多媒体辅助的方法,然而经过了多年的实践后,人们发现如果完全脱离了教师的指导,仅仅利用网络远程教育学习,学生的学习效果亦无法达到理想状态。因此,高职英语教师的角色和其所发挥的作用无法被取代。但如何让"互联网+"赋能高职英语教学,让学生真正感受到互联网技术给英语学习带来的乐趣和效能,是所有高职英语教师面临的一大课题。要改变以教师为中心的传统教学模式,实现以学生为中心的教学模式,教师须结合具体的学情基础、学生特点和职业需求,将传统的高职英语课堂教学模式和在线网络课堂教学模式相结合,使二者优势互补,切实提高课堂教学效果和学生的英语综合应用能力。

高职英语混合式教学模式是一种具有创新性的教学方式,更容易激发学生的兴趣。在人人持有智能手机的信息化时代,高职学生往往非常依赖手机,无论课上还是课后,他们的注意力都集中在手机上。在此情况下,高职英语的教学内容只有通过线上和线下相结合的方式传递给学生,才更符合新时代的教学模式。因此,新时代的教师也要懂得与时俱进,摒弃陈旧的教学思维和方式,关注学生的个体差异,做到因材施教,推陈出新。在混合式教学模式中,学生可以通过网络了解西方风土人情,学习西方文化,也可以通过观看英语视频和电影、收看国外节目等方式来学习英语。教师要做的就是引导学生正确地利用手机和网络学习英语,并设计和组织丰富多样的课堂活动让学生内化知识,从而达到良好的教学效果。

在高职英语课堂使用混合式教学模式,并不仅仅是为了顺应信息化教学的发展趋势。它是将传统教学模式与互联网教学模式相融合,能切实有效地解决课堂效率低的问题;通过丰富高职英语教学资源,实现优质资源共享;有利于提高学生的学习质量,增强学生自主学习能力、跨文化交际能力和英语综合能力;有助于保证学生学习时间和内化时间的延长,更好地完成教学目标,实现"高效课堂";有利于高职英语教师师资队伍的建设和发展。综上所述,高职英语混合式教学模式是时代发展的必然结果,也是教学改革的一大创举。这种新的模式尊重学生的发展规律,可以真正做到以学生为主体,从而提升教学效果。

2. 高职英语课堂混合式教学的可行性

随着信息科学技术的高速发展和"互联网+"时代的到来,多媒体网络教学在全国应运而生,校园网、多媒体教室和网络课程日益增多,成为高职英语教学中的重要辅助工具。网络的覆盖使学生可以随时随地通过网络获取所需的知识,教师在课堂上不仅可以使用多媒体教学,也可以通过手机或笔记本计算机实现教学互动。这种线上和线下的结合,满足了不同层次学生的要求,极大地提高了教师的教学效果和学生的学习效率。此外,互联网技术拓宽了学生获取知识的渠道,改变了以往学生仅从教师课堂教学中获取知识的单一途径,为学生创造了更多自主探究和团队协作的学习机会。在这一学习过程中,教师的角色不再是权威的传授者,授课形式也不再是"一言堂"和照本宣科,他们变成了学生学习的引导者、激励者和促进者。高职英语教师有必要也有能力完成角色的转换,让高职学生成为真正满足市场需要的人才。

(四) 混合式教学模式有效实施的反思及建议

1. 教学反思

通过在高职英语课程教学中努力实践基于翻转课堂理念的混合式教学模式,作者发现该模式确实能极大地调动学生的学习积极性,丰富学生的学习体验,锻炼学生的文献查阅能力、学术汇报能力和口语表达能力,学生对课堂教学氛围和教学方式的满意度也大大提高,整体教学效果较之以前有较大的提升。通过反思自己的教学和与同行交流,作者也发现了一些制约该模式在教学中应用的因素,突出表现在三个方面：高职学生的英语基础和自主学习能力直接影响到学生自主学习活动的完成；很多高职英语课程教学主要以文本资源为主，教师较少拓展与课程内容相关的视频资源，这极大地影响了学生参与学习活动的积极性；教师的教学技能水平、自身学习意识和综合素质，也影响混合式教学模式的落地。

2. 改进策略

要想翻转课堂理念的混合式教学在课程教学中取得更好的效果，需要从以下四个方面做出努力。

（1）转变师生观念和角色，提高学生的自主学习能力

在基于翻转课堂理念的混合式教学模式中，师生之间是一种平等、对话的关系，课堂是师生之间共同学习、交流思想、内化知识的场所。教师要精心设计好教学所需的教学资源和基于主题的学习活动，把更多的时间交给学生去进行自主学习、汇报和讨论，而将自己转变为一个组织者、引导者、与学生的对话者。学生也要转变角色，认识到自己才是学习的主体，变被动的"要我学"为"我要学"，积极主动地参与学习活动，努力提高自己的信息素养和自主探究能力，以保证混合式教学的顺利进行。

（2）根据教学课程的特点和学习者特征，灵活地对混合式教学模式进行改革和创新

混合式教学是学习理念的一种提升，由传统课堂转变而来，整合了各种教学方式，是一种以教师为主导、学生为主体的教学方式。一个"混"字本身就体现了极大的灵活性，"混什么"和"怎么混"都需要教师在教学过程中根据教学内容特点、学习者特点、资源及条件等合理地进行灵活、科学的设计，以获得最佳的学习效果。

（3）提升教师的教学技能和综合素质

教师应定期参加师资和教学能力培训项目，系统地学习各种新型教育教学理论和教学模式、信息技术的应用、系统化的教学设计、教学实施技能、教学研究技能等。通过开展校本研修、参加教师工作坊研修和在教学实践中开展行动研究，提高教师的综合素质和教学实践能力。

（4）高质量教学资源建设与共享

优秀的教学资源是教学取得成功的基石。首先，教师根据教学需求制作的资源比较符合实际教学需求，这些因课制宜的校本资源可经过收集、整理共享给其他教师使用。其次，教育主管部门围绕核心性课程，建设少而精的专门配套的教育教学资源。此外，应大力建设适合网络在线学习的开放教育资源、慕课和适合翻转课堂使用的微课、微视频，以及适合移动学习或手机播放的碎片化学习资源，建设适合个性化、个别化教学需求的教学资源，并促进资源的共享和利用，为混合式教学取得持续发展提供重要保障。

（五）混合式教学的实施技巧

1. 网上教学的互动技巧

众所周知，在传统的面授教学中，教师除了向学生传授知识之外，师生之间的交流也是必不可少的。同样地，网上教学作为一种新的教学形式，也强调师生之间的互动与交流。通过网络开展多种多样的交流活动，不仅可以增进学生对知识的理解和记忆，还可以培养师生之间的深厚感情。如今有一些网上教学平台在高职院校得到了推广和运用，如超星学习通（简称学习通）、职教新干线、Blackboard（简称 BB 平台）等。本节以 BB 9.1 平台为例，探讨一些混合式教学的有效互动技巧。

在使用 BB 平台课程的讨论板之前，需要明确三个基本概念：一是讨论板，二是论坛，三是话题。

其一，讨论板。讨论板是课程整体的讨论区域，其中包括课程讨论板和小组讨论板两种类型。通常来说，课程讨论板只有一个，而小组讨论板可以有若干个。在一些讨论板中，教师可以根据教学需要添加各种各样的论坛。课程讨论板通常用课程的编号来命名，但是在教师添加小组之前，学生是无法看到小组讨论板的，只能看到并访问课程讨论板。只有本小组的成员才具有小组讨论板的访问和使用权限。

其二，论坛。教师在进入课程讨论板之后，就可以根据需要添加各种各样的论坛，而且只有教师才有添加论坛的权限，如果教师未添加，学生则无法发帖。而在小组讨论板中，小组成员就可以根据学习需求自己添加论坛了。在所有的论坛中，教师和学生都可以自由地发起新的话题进行讨论。

其三，话题。话题也就是我们常说的"帖子"。一般来说，论坛中所进行的各种讨论都是采用的发帖、回复的形式。学生既可以在帖子中阐述自己的观点，又可以总结某些问题，还可以上传附件等。

（1）正确使用课程讨论板

论坛是网络课程中一种最为常用的讨论环境。教师在 BB 平台的网络课程中，可以根据实际教学需求利用课程讨论板创建论坛，并设置各种各样的互动讨论活动，可以是实时讨论，也可以是异步讨论。需要注意的是，教师须对论坛的具体数量、论坛的主题和话题的内容进行合理的规划。教师在使用课程讨论板时应注意以下四点。

① 创建好课程论坛和学生访问入口。教师在创建课程论坛的时候，要在描述

部分做出一定的说明,告知学生该论坛的讨论内容,关于讨论的具体要求也可以一并说明,这样一来,学生在发帖时就能够更加便捷,更有针对性。学生在访问论坛时,可以在课程"讨论板"中进行查找并访问。此外,教师可以通过在左侧菜单栏创建导航的方式,直接与课程讨论板建立连接,这样一来,学生访问起来就能方便许多。当然,有些论坛与教学活动是结合在一起使用的,针对这种情况,教师可以在教学内容的相关部分设置论坛链接,使讨论活动与作业、课件等内容集中在一起,这样能够使教学活动实施起来更加流畅。

② 科学规划网络课程讨论板的结构。如果教师将网络课程讨论板的结构规划得井井有条,不仅可以使教师的工作更加高效、便捷,还可以使学生养成定期访问论坛的良好习惯。对于教师来说,分块组织论坛是一种非常便利的方式,这样可以使若干主题相同的帖子汇集在固定的论坛中,方便师生查找和访问。

③ 帮助学生更好地使用论坛。在网上讨论开始之前,教师应当首先使学生明确创建论坛的意图,并对学生提出一些具体的要求,如一个话题下的讨论内容应聚焦同一个问题,当学生的讨论出现了分支话题时,就需要重新展开一个话题。只有这样,才能使每个话题的讨论主题明确,方便学生参与讨论。

④ 帮助学生了解网络交流的特点并掌握一些相应的网络礼仪。因为网络交流毕竟不同于现实交流,讨论时无法看到对方的表情,因此,在讨论的过程中,学生要谨慎地使用幽默和玩笑,以免引起误会。教师还可以向学生介绍一些常用的表情符号,以方便学生的使用,增进彼此之间的感情。除此之外,教师还要使学生明确,网上讨论时不能将自己主观的负面情感带入网络;在遇到自己极度不赞成的观点时,也不要以过激的语言立即回应,而是尽量控制自己的情绪,在情绪稳定的状态下表述自己的意见,以避免发生不必要的矛盾。教师还要告诉学生,即便是自己的帖子没人回应,也应当保持一颗平常心,不能对此有怨言或者因为气馁而再也不发帖。因为网络上的交流并不是针对个人的,大家都有访问和回复的自由。如果学生能够积极地定期发帖,就一定能够得到回应,而且长期坚持,帖子的质量也会得到很大的提升。

(2) 营造热烈的论坛讨论气氛

网上讨论作为课堂教学的必要补充,可以增进学生对知识的理解和记忆。但因为网上讨论与现实中的讨论是有差异的,所以就不可避免地存在一些问题。例如,论坛人气不足,讨论参与者少;论坛讨论的内容质量不高等。所以,为了使网上讨论取得更好的效果,就必须重视一些技巧的使用,以此来营造积极、热烈的良好学习氛围。

① 精心组织课程论坛结构。我们可以在实践中采用分模块的方式组织论坛,这种方式的优点就是各种帖子可以分门别类地出现在论坛上,当遇到一些技术性

的问题时,教师以及相应的技术人员就能够快速、准确地找到出现问题的板块,并寻找解决方案。此外,在论坛中设置不同的分区还有利于学生更加便利地运用论坛,打开论坛,学生就能够清晰、准确地找到不同的板块,并能快速地找到自己感兴趣的话题和板块,这就能提高学生的使用效率,增强学生的兴趣。

② 帮助学生养成论坛讨论的习惯。第一,教师可以提前给学生制定好向论坛发帖子的各项要求,如教师可以对学生发帖子的次数做出限定,教师可以要求学生一个星期内必须在论坛上发布一个帖子并回复其他人的帖子。其中,第一个学生自己发布的帖子为原创帖,用于阐述他们对某个学习问题的观点和看法;第二个帖子可以是学生对他人帖子的回复,但其内容仍应表达自己的看法和态度,不能敷衍了事;第三个帖子可以是学生对回应自己原创内容的帖子的总结和评价。第二,教师要和全体学生进行沟通并达成一致,除特殊情况外,学生必须在班级课程论坛上讨论与课程学习相关的知识点和问题,不能使用电子邮件等方式进行讨论。第三,学生在发布帖子讨论问题之前,教师要指导学生使用规范的、受人欢迎的发帖形式和语言规范。有些帖子之所以受欢迎程度较低,主要的原因之一就是它们语言表达方式不够恰当。因而教师有必要提前向学生展示受欢迎程度高的帖子的样式以及写作手法。总之,教师要引导和鼓励每个学生积极参与论坛讨论。

③ 提高论坛的讨论质量,丰富论坛活动。第一,在学生发帖之前,教师需要向学生提出高质量的、有较大思考空间以及讨论余地的开放式问题,从而激发学生积极思考和讨论。教师可以提供相应的示范和例子,还可以要求提出相应话题的学生总结所有与这个话题有关的帖子的内容,最后再发布一个综合性和总结性比较强的帖子。第二,在具体教学中,教师也可以定期组织学生在论坛中开展讨论活动。例如,教师可以在教学中提出一个大部分学生都感兴趣的话题,然后规定学生在一定的时间内开展积极讨论,各抒己见,以提高学生的讨论效率。第三,在具体的教学实践中,教师也可以组织学生开展分组讨论,小组人数以2~3人最为适宜;如果学生想要开展阅读讨论,则小组成员为4~5人最适宜。另外,在具体的分组讨论中,学生的分组形式也是多样化的,教师既可以根据学生的兴趣进行分组,也可以根据学生的能力进行分组。教师也可以适当地组织一些投票或者辩论活动来提高学生的讨论欲望。

④ 教师要启发和鼓励学生参与讨论,鼓励问题答案的多样化,避免过度干涉学生的思考和讨论方向,更不能直接告诉他们标准答案。学生在头脑风暴的过程中,教师的主要作用就是为学生的讨论提供适时的指导,启发学生深入思考问题。在论坛中,对于学生遇到的问题,教师不能直接在论坛中给出答案,这样会打击学生的思考积极性,也会使学生认为,凡是自己不懂的问题,教师都能够帮助回答,这样学生就会高度依赖教师。在论坛中,教师的重要作用就是启发学生、鼓励学生,

使学生成为论坛讨论的主体。

然而,需要强调的是,虽然在讨论中教师没有必要回复全体学生的所有帖子,但是在教师回复学生的帖子时,要适当引用学生在论坛中使用的语句,让学生感受到教师在关注他们的学习动态。

(3) 网上讨论的监控和反馈

当学生在网络上积极地开展某项讨论时,教师需要密切关注和监督学生的讨论情况,发现学生在讨论中遇到难题时,教师要为学生提供必要的指导和帮助。这样,一旦学生在讨论中遇到瓶颈时,教师的及时帮助就会让学生更加积极主动地重新参与学习和讨论。此外,为了督促学生积极参与讨论,教师还可以考虑将学生的论坛讨论情况计入过程性考核。

以BB学习平台的网络课程为例,教师可以通过查看相应的指标来间接了解学生在论坛中的具体参与次数和讨论情况。在BB平台的网络课程中,教师还可以采用两种不同的方式来评价学生的讨论情况:论坛评分和话题评分。在具体的评价中,不同的情况采用不同的评分方式,如当教师需要评价整个论坛中所有学生的论坛讨论情况时,可以采用论坛评分的方式;而当教师需要评价关于某个话题各个学生的讨论情况时,则可以采用话题评分方式。

(4) 巧用网上交流工具

除了讨论板之外,教师还可以使用网络课程中提供的各种交流工具和学生互动,学生之间也可以使用这些工具进行自发的交流互动。这里主要简述BB平台中可使用的交流工具及其使用的方法。

通知:会自动汇集在公告中,每当新发布一个通知时,还可以选择将该通知自动发送至学生的电子邮箱。通知一般用于张贴和课程有关的信息,其优势在于学生登录平台时就可以看到所有的通知。

发送消息/电子邮件:两者的功能类似,区别在于消息是保存在BB平台中的,需要登录后才能看到。发送电子邮件这一工具的优势在于可以选择收件群体或个别用户,比如所有用户、所有小组,或者是某个小组等。如果想要成功使用教学网中电子邮件的功能,需要事先在BB平台中登记自己的电子邮件地址。在"我的主页"中单击"工具"栏目中的"个人信息",在编辑个人信息时输入自己的电子邮件地址即可。

课程博客:博客主要是一种通过发布自己心得来和其他人进行沟通交流的形式。在BB平台的课程中,有两种博客形式:个人博客和课程博客。个人博客只有作者和教师能够访问,课程博客是全体同学和教师均可以访问。所以,要使用博客作为沟通交流工具时,一定要使用课程博客。

协作(聊天/虚拟课堂):支持多人实时进行文字聊天,虚拟课堂中还提供有白板工具可以供演示。

即时聊天工具：在 BB 平台中，即时聊天工具（Wimba Pronto）是系统插件工具，也就是说在系统管理员安装好该插件工具后，教师和学生才可以使用。使用这一工具，教师和学生可以看到自己课程中在线的其他人，并进行即时沟通。

2. 教学视频的使用技巧

随着信息技术时代的到来，教师在日常教学中越来越广泛地使用视频技术。在网络中开展课堂教学有很多优势和便利，如在教学中，教师可以根据课堂内容的需要适当地添加一些视频课件，这样不仅可以更生动、直观地展示课堂的内容，还能更好地提升学生的兴趣。那么，在具体的英语网络教学中，究竟如何使用视频来提高学生的学习积极性和主动性，如何把教师制作的实用性很强的教学视频上传到网络课堂中，这些问题将会在教学视频的使用技巧中得到答案。

（1）合理地使用教学视频

教师在课堂上适当地运用教学视频开展教学，不仅可以提高教学的直观性，还能够引起学生的学习兴趣。

① 创设使用视频的教学情境。在教学中使用视频，不仅能使学生更加透彻地理解一些复杂、抽象的难题，还能够优化课堂的氛围，使学生在一个轻松、愉快的环境中学习。不管教师在具体的教学中采用什么形式的教学媒体，教师运用这些教学手段的最终目的都是提高教学的效率。下面我们介绍三种可以使用教学视频开展教学的教学情境。

第一种，教师在具体教学中需要讲授一些学生肉眼看不到的东西时（如微生物等），以及教师在课堂中进行有安全隐患的实验或者演示时（如化学实验等），都可以用教学视频代替实物展示或教师亲自示范。

第二种，教师在课堂中开展情感教育时，可以适当地选择适合的视频进行播放，这样极易引起学生的共鸣，烘托氛围和情感。

第三种，当教师在课堂上需要引导学生就某个话题展开讨论时，教师可以提前播放一段和讨论相关的视频资料，让学生生动、直观、全面地了解讨论案件的来龙去脉，然后教师再组织学生讨论，从而提升学生的讨论和辩论等技巧。

② 使用视频的技巧。视频教学虽然具有很多传统教学方法无法替代的优点，但是如果教师在教学中无法准确、恰当地运用教学视频，也会出现很多现实的问题。因此，了解正确使用视频的技巧也很重要。

• 视频资料与文字资料结合使用。一般情况下，在课堂上，如果教师呈现过多的视频资料，学生就会感到视觉疲惫，产生一定的学习障碍。因而在实际的课堂教学中，教师应该给相应的视频资料补充必要的文字资料，把视频资料和文字资料结合起来,这样才能够提高视频资料的使用效率,才能既给学生提供直观的视觉信息,又给学生留下一定的思考空间。

- 视频资料与其他的教学活动结合使用。在实际的教学中,如果教师只是一味地让学生观看视频资料,很难取得理想的教学效果。通常情况下,视频中的信息很直观,但是也比较简单浅显,因而教师需要引导学生在观看视频后进行深度思考。因此,教师可以引导学生在观看视频之后到相关的论坛参与讨论和提问,从而加深学生对视频资料的理解。
- 控制好视频的时长。如果教师在课堂上花费较长的时间给学生播放学习视频,不仅会给学生造成学习上的负担,而且会分散学生的注意力。因此,教师在课堂中播放的视频时间不宜过长,而应控制在 8～10 分钟,才能提高学生的观看效率。
- 根据需要选择合适的视频格式。一般视频资料有多种不同的格式,这些不同格式、不同大小的视频资料呈现的视觉效果也有着较大的差异。因而,教师在教学中为学生提供视频资料时,一定要根据实际情况选择适合的视频格式。视频可以分为适合本地播放的本地影像视频和适合在网络中播放的网络流媒体影像视频两大类,如果对视频画面的清晰度要求比较高,建议选择 AVI 或者 MOV 格式;如果希望文件所占空间比较小,建议选择 RM 格式。

应该注意的是,有些平台的网络课程并不支持所有格式的视频文件,如 BB 学习平台无法上传和分享 FLV 格式的视频资料。而从目前情况来看,FLV 格式的视频文件具有很多优点,这种格式的视频资料不仅加载的速度很快,而且应用的范围很广,如人们熟悉的优酷网就使用了 FLV 格式的视频。

(2) 获取和编辑教学视频

教师要想采用视频教学,就需要掌握一些获取视频的途径和简单的视频编辑技术,从而为学生提供优质的教学视频资源。下面我们介绍一些获取和编辑教学视频的方式。

① 获取教学视频的方式。一般说来,教师可以通过以下五种途径来获取教学需要的相关视频资料。第一种,教师直接从网络上下载相关的视频资料,然后保存使用;第二种,教师可以从一些现成的光盘、DVD 等中获取相关的教学视频;第三种,教师可以直接用自己的手机或者高清相机拍摄需要的视频;第四种,教师可以使用录屏软件录制计算机或手机的屏幕信息来获取视频;第五种,教师运用相应的制作工具和软件自己制作视频课件。

当教师通过各种途径获取到符合教学内容需求的视频资料之后,往往会打开视频查看其清晰度及信息量,这时教师也许会发现一些新的问题,如视频的格式和网络课程支持的格式不一致、教学只需要截取已有视频的一部分等。面对这些情况,教师就有必要学习和掌握一定的视频编辑方法,如转换视频的格式、运用视频截取软件等。

② 视频格式转换工具。教师在教学中运用视频资料时极有可能遇到以下问题。第一种,播放器不支持教师提供的视频资料;第二种,教师的视频资料占用内存较大,存储困难等。面对上述情况,教师就需要对视频的格式进行相应的调整。

转换视频格式的软件很多,教师可以根据需要选择合适的工具。一般来说,Canopus Pro Coder 具有先进的滤镜和广泛的输入输出选项,Real Producer 在压缩时可以设定相关参数,这两款软件比较适合专业人士使用。豪杰视频通和 Win AVI Video Converter 都是非常流行的视频格式转换工具软件,界面简洁,简单易用。而 Flash 8 Video Encoder 是专门用来将视频转换成 FLV 格式的软件。

③ 视频截取软件。在实际的课堂教学中,教师为了提高视频的使用效率,通常会控制视频时长以保证突出教学重点,保持学生的专注力。教师无法避免地需要将超过时长的视频进行截取加工,制作成满足需要的小视频。教师最常用的视频截取软件是计算机系统自带的视频编辑软件 Quick Time Windows Movie Maker,它简单易操作,非常方便快捷。

(3) 录制自己的视频课件

在实际的教学中,如果教师所授的内容比较新颖或者有较大的难度,无法找到合适的教学视频资源,那么教师可以使用课件制作软件来制作相应的视频课件。在教学中,教师使用最广泛和最便捷的视频制作软件就是 Adobe Presenter。该软件有很多种不同的功能,教师可以深度学习和挖掘 Adobe Presenter 软件的各项功能,从而使其为自己的教学服务。除了优质的编辑性能外,由它制作生成的课件为 Flash 格式,有利于保护教师劳动成果的版权。

通常,教师可以使用 Adobe Presenter 软件在教学课件中插入四类不同的内容:第一,教师制作的 PPT 文件内容;第二,进度控制条,通过在实践中操作进度控制条,帮助教师轻松、快速、准确地找到自己需要的 PPT 页面;第三,教师用手机或者摄像机等设备录制的课程讲解视频;第四,教师 PPT 的大纲等。使用这个课件制作软件,教师能实现在课堂中一边向学生讲授知识,一边用 Adobe Presenter 将整个授课内容和过程录制下来,供学生课下学习和参考使用。教师使用 Adobe Presenter 软件录制视频课件有诸多好处。一是方便教师在课后将教学视频和课件上传到相关网站,方便学生课后复习和巩固。学生可以带着问题反复观看教师上传的视频,加强知识的巩固,深化学生的理解和思考。二是教师可以通过观看自己的授课视频,不断反思自己的教学方法和教学过程,找出存在的问题,这样也能变相促进教师不断进步。这种方法尤其适合从教时间比较短的新手教师。

四、高职英语移动课堂的构建

(一)移动学习的理论

1. 移动学习的概念

关于移动学习的定义可谓是众说纷纭,基于不同的研究成果和个体经验,不同的学者对移动学习有不同的定义,截至2023年,学术界仍未形成完全统一的说法。众学者对移动学习的定义提出各种观点,本节总结了国外四种有关移动学习的定义,以及国内两种具有代表性的概念界定。

首先介绍国外关于移动学习的定义。第一种是由芬兰移动学习项目研究报告所提出的定义:移动学习是由于人们地理空间流动性和弹性学习需要的增加而使用移动终端设备进行学习的一种新型学习方式。第二种是从技术角度对移动学习下的定义:移动学习是移动计算与数字学习的结合,它包括随时随地的学习资源、强大的搜索能力、丰富的交互性、对有效学习的强力支持和基于绩效的评价。第三种是比较宽泛的定义:移动学习就是能够使用任何设备,在任何时间、任何地点接受学习。第四种是比较具体的定义:移动学习是一种在移动计算设备帮助下,能够在任何时间、任何地点进行的学习,移动学习所使用的移动计算设备必须能够有效地呈现学习内容并且提供教师与学习者之间的双向交流。

其次介绍国内关于移动学习的定义。北京大学的崔光佐教授认为:移动学习是指依托目前比较成熟的无线移动网络、国际互联网以及多媒体技术,学生和教师通过使用移动设备(如手机等)来更加方便灵活地实现交互式教学活动。全国高等学校教育技术协作委员会提出的定义为:移动学习是指依托目前比较成熟的无线移动网络、国际互联网以及多媒体技术,学生和教师通过利用目前较普遍使用的无线设备(如手机、iPad、笔记本计算机等),更方便灵活地实现交互式教学活动,以及教育、科技方面的信息交流。

综上所述,大多数国外学者将移动学习定义为一种新的学习方式,这种学习方式的"新"表现在时间和空间的分离,也就意味着学习者可以自由地选择学习的时间和空间,从而呈现出一种自由的状态。相反,大多数国内学者将移动学习定义为一种新型教学媒介或者手段,这种"新"表现在教学工具所带来的交互创新,师生之间的交流突破教室这一传统场所而实现了空间的分离。相比较而言,国内学者更加注重移动学习中教师所起的作用和新技术为交互所带来的便利。作者认为,移动学习必然与以下几个关键词息息相关:移动设备、通信技术、交互性。也就是说,移动学习是利用移动设备的支持并借助通信技术作为传输手段的交互性学习方式,它具有移动性、及时性、跨时空性、交互性、自主性的特征。所谓移动性是指学习不受固定场所的限制;及时性是指学生在需要时即可学习;跨时空性是指教师和学生可以不在同一时空范围内;交互性是指学习者与教师之间的交流极其便利;自主性是指学习者可以以自身为中心,根据自己的兴趣爱好自主选择学习内容。

2. 移动学习的特征

由于移动学习是数字化学习的扩展和延伸,它具备数字化学习的很多典型特征。本节将重点分析移动学习具有哪些与数字化学习不同的特点。

移动学习可以视为利用移动设备,构建合理的移动学习环境,并进行相关学习活动。因此,我们可以从移动设备、移动学习环境、移动学习活动三方面来分析移动学习的特征。

(1) 移动设备方面

① 体积小。当前移动学习主要采用普通手机、智能手机、iPad 等终端设备,也有学者将笔记本计算机归纳为移动设备,我们不用去考证什么样的笔记本计算机才算移动设备,只是从宏观上归纳移动设备的特点是体积比较小、适于随身携带。

② 重量轻。除了体积的大小,重量也是衡量终端设备是否为移动学习终端的重要指标。如果一个设备虽然体积比较小,但是平均密度很大,导致非常沉重,那么鲜有用户愿意随身携带。

③ 移动性好。通过以上两点的归纳,可以得到移动学习设备的一个显著特征,就是便于携带,便于移动,便于学习者根据个人需要随时、随地发挥作用。

④ 数字处理能力完备。在关于移动设备的很多早期论文及专著中,大家都会去分析手机、iPad、智能手机等的区别和联系,但是随着设备的迅速发展以及技术的普及,现在的移动终端具备了越来越多的数字处理功能,如文档操作、多媒体处理、短信收发、音视频播放等。

⑤ 信息交互方便。在信息高速发展的今天,移动设备在逐渐走向兼容,通过USB、红外、蓝牙、Wi-Fi、有线网络、无线网络等途径,都能很容易地实现信息的即时更新和共享,也能顺畅地与其他信息处理工具(如台式机)等进行数据交换。

⑥ 社会属性显著。除了这些移动终端设备本身的属性外,人们也给终端设备贴上了很多社会性标签。在各种辅助人们生活、学习、工作的设备中,移动设备已经成为人们不可或缺的一部分,这就使得移动学习设备本身具备了很好的融入性,人们不必为了适应这种新的学习方式而选择额外的学习设备。此外,移动设备对人们具有无可替代的作用,还表现在它具有强有力的个性化特征,每个人的移动设备都是专属的,包含了使用者的很多个性化信息。

（2）移动学习环境方面

移动学习基于体积小、重量轻的移动设备，其所构建的移动学习环境与传统的数字化学习环境相比，也发生了很大的变化，这些变化可以总结为以下三个方面。

① 学习内容粒度细化。由于移动设备体积小，不适合长时间连续学习。再加上人们选择利用移动设备进行移动学习的持续时间也不会很长，就必须要将少量内容或者主题组织好，一次学习完成一个相对独立的知识单元。

② 操作界面简洁清晰。由于屏幕尺寸、分辨率、处理速度等方面的限制，为了在进行移动学习的时间内达到不分散学习者的注意力、减少操作的目的，应该使界面简洁，便于学习者逻辑清晰地选择学习内容和路径。

③ 学习媒体限制的多样化。在网络学习的情况下，学习媒体的格式、长度、大小等都要受到网络的限制，在移动学习中这种限制会更加多样化。同时，为了适应不同类型的操作系统，学习媒体的格式更要引起重视。

（3）移动学习活动方面

移动学习具有很强的社会属性标签，因此具有不同于数字化学习的一些典型特征。

① 泛在。由于移动设备具有轻巧、便携的特点，学习者能够在任何时间、任何地点随时进入学习状态。

② 跟踪。由于移动设备具有典型的个人化拥有的特点，可以更加方便地了解学习者的操作习惯、兴趣爱好、学习规律等，能为学习者提供更加个性化、更满意的推送服务。

③ 交互方式多样。利用移动终端，人们的交互方式除了社会网络外，还增加了短信、彩信、通话、视频等，这些都可以与数字化学习方式很好地融合，非常方便、有效。

④ 随时在线。以往任何一种学习设备都不会像移动设备这样随时在身边，再加上目前多数移动设备具有很好的网络通信功能，无论对于自主学习还是协作学习，都能最大可能地保证随时在线。

⑤ 自主性强。在移动学习的支撑下，学习者会对自己有明确的定位，能更好地实现自我管理和监督，也会根据自己的实际需要选择适合的学习内容。

⑥ 情境性。一方面，移动技术使得移动学习能随时发生，促使移动学习具有很强的情境性；另一方面，恰恰是移动学习发生情境的多样化，使得很多学者会选择在多种情境下加强学习的效果。

（二）移动学习的理论基础

移动学习是在互联网时代的大背景下信息技术不断发展的产物，但是作为一种理论,移动学习的发展也离不开教育理论的支持,如何在教育领域中应用网络技术,利用网络技术可以解决什么学习困难等问题的解决都要植根于教育理论基础的土壤。一般来说,非正式学习理论、情境认知与学习理论、境脉学习理论、活动学习理论和经验学习理论为移动学习的系统设计和开发提供了有益启示和深厚的理论基础。

1. 非正式学习理论

非正式学习理论的对立面是正式学习理论,它是相对于正式学习提出的一种理论,二者相比较,非正式学习具有隐含性、泛在性的特点,该理论强调知识不仅可以从课堂和教师那里学到,而且可以通过各种非正式渠道获得。在主张非正式学习理论的学者看来,人际交往的本质就是学习,正因如此,学习存在于生活道路的每时每刻,甚至与朋友闲逛、聊天,与同事交流、合作都是学习,因此诸如此类都可以看作非正式学习的渠道和机会。斯坦福大学荣誉校长约翰·斯通出席"2002年北京中外大学校长论坛"在接受媒体采访时曾指出,学生在大学期间50%以上的知识与技能是从伙伴和同学那里学到的,而不是从课堂和教师那里学到的。由此看来,非正式学习理论为移动学习提供了稳定的理论依据,根据非正式学习理论,设计移动学习时要根据学习者的需要,创设一种可以与同伴交流协作的环境,并鼓励学习者在这种环境中讨论交流,从而达到获得知识的目的。

2. 情境认知与学习理论

20世纪90年代以来,情境认知与学习理论在教育界得到了广泛的关注和推广。它具有极其鲜明的特征,比如强调学习的有意义性,主张学习必须是有意义的。显然,该理论将知识视为用于生活的工具,同时把知识看作基于生活情境的一种活动,而不是一个抽象的学习对象,这就使学习活动化,从而远离了抽象和枯燥。该理论还强调外部学习环境对于学习的重要意义,环境的优劣对学习的效果产生重要的影响,因此它认为只有在最后的知识依赖于环境时才是真正有意义的,才会发生真正有意义的学习。因此,学习的意义大小取决于环境,取决于学到的知识能否作用于环境。这一理论启发了教育工作者在教学时必须提供逼真的情景,比如"抛锚式"教学支架和"脚手架"都属于情境认知与学习理论所提倡的教学模式。显然,情境认知与学习理论为移动学习提供了理论基础,而移动学习所拥有的技术条件又为情境认知与学习理论提供了物质基础,二者相辅相成,互相支持。移动技术的发展使得情境的创建变得更加简单、具体和生动,这将极大提高学习活动的质量,也使学习变得更加有趣和高效。因此,移动学习系统设计的过程应多考虑为学习者提供真实的学习环境,这样的环境有利于学习者将情境与知识相结合,从而提高学习者解决问题的能力以及知识迁移的能力。

3. 境脉学习理论

境脉这一概念最初用于语言分析，指决定单词或段落意义的特定语言环境。近年来，这一概念已在诸如编程语言、操作系统、人工智能、移动计算、普适计算等许多应用领域中得到了重视和运用。境脉是一个极具指向性、整合性与动态性的概念。境脉学习理论认为，学习者自身带有一个完整的内部世界。这个内部世界包括学习者自身原有的记忆、经验、动机和反应，它在学习者处理新的信息和知识时起着重要的作用，使得外界有意义的信息与其内部世界发生有意义的联系，此时便发生了学习。在计算机网络快速发展和普及的今天，移动学习作为一种全新的学习方式得到快速推广，境脉学习理论将人、知识、技术媒体三者有机结合起来，人在学习的过程中借助技术媒体在环境中搜寻与内部世界相关联的知识，并与已有的认知结构发生联系，从而将知识内化。因此，境脉学习理论可以促进移动学习的开发者全面、清晰地把握各种要素，从而提高移动学习系统为学习者带来的学习效率。

4. 活动学习理论

活动理论是活动学习理论的来源，活动学习理论强调获得知识的途径，这一途径以活动为中心，或者可以表述为以问题为中心，以团队为依托，主动学习分享经验，从而使问题得到解决。活动学习理论认为人们的活动不是无目的的、随意的或被动的，而是有意图的、积极的、自觉的实践活动。活动讲求的是效果，而这种活动的效果取决于对问题的界定、对活动的组织以及团队成员之间的分工与协作，因此，组织活动成为高效活动的关键点。移动学习从中得到的启示是要注意活动的设计，使活动变得有意义，为学习者的学习提供可靠的帮助，这也是判断一个学习活动能否成功的关键因素。

5. 经验学习理论

学习中的自主性既是独立的，又是相互依赖的。科勃（David Kolb）在其学习周期理论中提出学习的"四步骤循环"观点，他认为学习是由抽象概念、活动实验、具体经验和反思观察四个阶段构成的循环往复的过程。经验学习理论强调的是对经验的反思，因此注重在实践活动中通过反思观察而形成经验。这启示我们在学习的实践活动中，要以大量的知识为背景，否则学习就缺乏依据和方向，实践也变成了蛮干。因此，在实践活动中以知识为背景便成了学习的关键。在移动学习中，利用移动学习技术，可以帮助学习者在实践活动的过程中更方便地获得知识，而且这些知识的质量是其他学习形式不可替代的，它们构成了优质的学习背景。因此，移动学习能极大地提高学习者学习的积极性和能动性，达到理想的学习效果。

以上五种理论——非正式学习理论、情境认知与学习理论、境脉学习理论、活动学习理论和经验学习理论,为移动学习的产生和发展奠定了坚实的理论基础。我们可以从这些理论中找到一些共性,即强调学习环境、学习资源、信息交流等对学习产生的影响,这充分表明信息对于学习者的知识传输起了重要的作用。因此,从本质上来说,学习更是一种通信交流的过程。

(三)高职院校移动英语学习环境的构建

移动学习环境有着独特的便捷性和优越性。第一,时间和空间的自由性。学习者使用移动学习工具,能在任何时间、何时地点、以任何方式学习任何内容。学校授课和教师指导限制在固定的时间和地点,但移动式学习却能突破时间和空间的限制。第二,碎片时间功能最大化。学生充分利用碎片时间,在短时间内即可掌握一个完整的知识点或知识组块,并且可以通过每天的知识摄入和积累,实现知识的整体化。第三,学习资源可反复学习和巩固。如果同时在面对面课堂上和微课中遇到了难点,网络课堂就凸显出了另一个优势,学生可以根据自己的需要,将视频随时暂停和反复观看,帮助消化和巩固知识点。第四,及时的交互性。移动学习的交互性使信息及时地双向流通,更能激发学生的语言学习热情和自信心,帮助提高他们的英语交流能力。

基于以上优势,高职院校应从以下方面构建良好的移动英语学习环境。

一是完善校园网络设施,营造移动学习氛围。校园网络信号的稳定性是保障学习积极性和主动性的前提,高品质的线上教学离不开高速流畅的网络支撑。因此,高职院校应优化网络设施,全力打造"移动校园"或"智慧校园",为移动学习的顺利开展提供保障,提升学生的学习体验,保证学习效果。

二是搭建移动学习平台,丰富移动教学资源。高职院校可将英语语言知识进行项目化、模块化设计,选择合适的学习平台,创建课程,丰富教学资源。学习内容的选择应遵循微型化、实用化、系统化和趣味化原则;学习资源的设计要尽可能的简易化、模块化和场景化;学习资源的呈现形式要轻松有趣,难易度适中,重点、难点突出,尽量少用文字,多用音频、视频和动画,提高学生的移动学习兴趣。

三是强化移动学习意识,注重学习策略引导。"00后"大学生虽然喜欢并擅长使用手机,但他们对移动英语学习的认识、理念和方法仍然不够清晰。因此,教师应加大移动英语学习理念和相关知识的宣传,并将移动英语学习的策略和方法渗入日常教学实践,强化学生的移动学习意识,培养学生自主探究和合作学习的精神,从而实现个性化教学。

四是建立学习者共同体,促进移动学习者之间的交流。移动学习作为课堂教学的有效补充,对于提升学生的参与度和学习效率有着显著的效果。学生能通过个人空间进行个人学习资源管理、网络交流、在线测试等各种网络学习活动,运用信息技术灵活开展自主学习、协作学习、探究学习、个性化学习等。构建学习者共同体,有助于学生之间相互学习、沟通和探讨,通过分享英语学习资源,交流学习心得,更好地培养学生的团队能力、人际交往能力和互学互鉴的意识。

五是构建移动教学模式,提升教师的教学能力和信息素养。研究表明,"课内+移动学习"这一新型教学模式能有效提升高职英语课程的教学效果。但英语移动学习关键在于教师善用信息技术支持自身专业发展,通过获取、加工和集成教学资源,对英语学习资源进行合理整合和优化设计,并能利用信息技术对教学对象、教学资源、教学活动、教学过程进行有效管理和评价。教师应正确地引导、组织和监督学生,方能促使学生主动、积极地参与到英语学习活动中。这就需要高职英语教师不断提升自身的信息技术教学能力和信息素养水平,不断学习和探索新型的教学模式,熟练使用信息技术进行教学资源管理、学习活动设计、教学任务安排等各种网络教学活动,将学生培养成为新时代的高素质人才。

第八章 "互联网+"背景下英语教学新模式

一、慕课教学模式

慕课,即大型开放式网络课程(Massive Open Online Courses,简称 MOOC)。在"互联网+"的时代背景下,慕课模式是以关联主义为基础,开展大规模的在线教学方式和学习方式。

(一)慕课教学模式概述

1. 慕课教学模式的发展和内涵

2008年,加拿大的多名学者一起创立了名为"联通主义与连接性知识"(Connectivism and Connective Knowledge)的在线课堂,他们将课程发布在互联网上,供有兴趣的学习者学习,旨在扩大知识传播。它是一种采用网络化教学的在线课程开放模式,通过互联网面对全球招生。这便是慕课的雏形。2011年,美国斯坦福大学教授塞巴斯蒂安·特龙(Sebastian Thrun)创办了名为"人工智能导论"(Introductiorto ArtificialInteligence)的在线课程。该课程吸引了超过160个国家的16万名学生学习,成为全球范围内最受欢迎的慕课之一。随着互联网技术的迅速发展,慕课在全世界范围内迅速推广。各著名大学、研究机构、基金会和企业纷纷投入巨资,开设了一系列高质量的慕课课程。同时,各种慕课平台也应运而生,提供了方便快捷的在线学习环境。

2012年9月16日,维基百科将 MOOC 定义为"一种以开放访问和大规模参与为目的的在线课程"。MOOC 字母所代表的含义如下。

M:Massive,代表参加这种开放课程的人数众多。

O：Open，代表课程带有开放性，凡是想学习的人员都可以加入。
O：Online，代表这种线上课程的学习时间灵活。
C：Courses，代表课程包含的种类众多。

2. 慕课教学模式的特点

大体上说，慕课教学模式的特点包含以下五个方面。

第一，开放性强，人人可学。慕课这一线上课程面对全球所有人开放，没有任何门槛，只要想学，任何人都可以通过注册账号参与学习。

第二，互动性强，形式新颖。慕课是通过上传短视频的方式进行教学，并在视频后附有作业、测试习题、话题讨论等，因此这种教学形式能够有效促进师生之间的互动。学生可以在学习平台与教师和同学进行及时的交流与沟通，还能真切地感受到自己的学习成长。

第三，时间灵活，自主性强。学生可以根据自己的需要自由地选择学习内容、学习时间、学习地点、学习策略等，能充分发挥学生的主观能动性和独立思考能力。

第四，名师教育，免费教学。在互联网的作用下，来自世界各地的名师都可以上传自己的教学视频，从而缩小了教育资源分配不均所产生的教育差距，使学生可以接触到更多更优质的教学资源。同时，因为这些教学资源是免费或低成本的，能极大地提高学生的学习兴趣和热情。

第五，网络平台，资源丰富。慕课的出现一定程度上缓解了教育资源不均衡的问题，提高了我国高职英语教学的有效性。慕课通过网络平台的方式进行教学，打破了地域的限制，使不同地区的学生都有机会接触优质的课程资源。

多种慕课平台的搭建为学生的学习提供了便利。我国于2013年成立了东西部高校课程共享联盟，并将这年称作"中国慕课元年"。我国的慕课平台名称为Ewant，由国内五所交通大学联合组建，包括上海交通大学、西安交通大学、西南交通大学、北京交通大学、新竹交通大学。上海交通大学还与美国斯坦福大学创办的大型公开在线课程项目Coursera签约，向平台提供中文或英文教学的精品课程，与耶鲁、麻省理工、斯坦福等世界一流大学共建全球在线课程网络。

随着我国互联网和移动互联网的发展，慕课的发展十分迅猛。而互联网企业和平台的加入，更是为慕课的发展提供了很好的技术支持和用户资源，为学习者提供了一种全新的学习方式。我国慕课平台具有以下四个方面的特点。

第一，集约性。"中国大学MOOC"在线学习平台上汇集了全国各地的优秀教育资源，在国内著名高校所引领的教学团队的精心打造下，形成了目前国内比较成功的一个教学范式。从教师的角度来看，慕课教学团队在设计教学、布置课后作业、评定学生成绩等方面都给予教师很大的启发，促进他们不断提高自己使用信息技术的能力，从而改进教学，找到最适合学生发展的教学模式。另外，全国各地的教师还可以利用在线教学平台共享优良的教学资源。从学生的角度来看，不管是国内重点大学的学生，还是普通院校的学生，都可以通过慕课学习平台获取最优秀的学习资源。

第二，广谱性。科学技术的发展将人类社会带入互联网时代，数字革命的兴起促使世界各国的教育进入"在线"状态。基于互联网的慕课教学模式下，学生的学习不受时间、地点、人员等因素的限制，一些著名教师开设的慕课有时候甚至可以吸引几万人同时在线观看和学习。当前，在我国的英语教学中，学生人数非常庞大，而慕课教学模式本身所具有的广谱性就较好地解决了这一问题。

第三，自主性。慕课作为一种新型的教学形式，是对全世界所有人开放的，不管学生身在何处，只要是在有互联网的地方，学生就可以随时、自主加入学习。可见，慕课自身所具有的自主性也十分符合高校英语课程教学的要求。学生在慕课教学模式下可以自由选择学习的时间、方法、步骤等，自主完成慕课课程的学习。

第四，交互性。与以往的视频公开课或者远程教学方式不同，慕课具有交互性的特征。以往的远程教学或视频公开课中教师与学生之间无法产生互动，是单向的。慕课教学是一种在线课堂，虽然是虚拟的，然而教师与学生却可以实现实时的交流和互动。另外，慕课教学过程中所设计的进阶作业更为学生的学习带来了很大的动力，因为学生只有完成一定的进阶任务，才能继续观看教师的在线讲授。这一设计形式不仅为学生安排了具体的学习任务以提升学习效果，同时教师也可以在教学过程中得到最及时的反馈，以便更好地调整教学内容和改进教学方法。

3. 慕课教学模式的类别

国外著名学者丽萨·慕·莱恩（Lisa M. Lane）在自身实践经验的基础上将慕课教学模式分为三种：以内容传递为主的 MOOCs（又称为 xMOOCs）、以任务完成为主的 MOOCs（又称为 sMOOCs）和以网络建立为主的 MOOCs（又称为 cMOOCs），这三种慕课教学模式都有着不同的侧重点和优越性。

（1）xMOOCs——基于内容的慕课教学模式

该模式主要强调学生对学习内容的掌握，它往往通过形成性评价与总结性评价的形式对学生的学习结果展开评价。当然，这一课程开发模式同样也看重学习社区的建构与学生的参与，与网络化课堂教学过程更加类似。该模式建立在名校教师录制的讲课视频及文本内容的基础上，同时还伴有网络化测试平台。学生可以免费注册与学习，在获得证书后会收取一定的费用。这类慕课课程开发模式吸引了大量的投资，受到很多人的关注。

（2）sMOOCs——基于任务的慕课教学模式

以完成任务为主的慕课教学模式，主要强调学生通过完成任务来获取知识和技能，学习是分步进行的，学生可以采取多种多样的学习方式来进行学习，不受约束。学生还可以通过自己阅读文本材料或者录制视频材料来共享学习成果,通过视频、音频、作品设计等手段来展示自己在某一方面的技能。这种以完成任务为主的慕课课程开发十分强调学习社区在学生学习过程中所起的重要作用,因为社区是展示学生学习案例与学习设计的地方,主要用来传递学习内容,对学生的学习结果不太重视,即不对学习者进行评价。

(3) cMOOCs——基于网络的慕课教学模式

该教学模式是建立在网络基础上的,重在强调给予学生充分的学习自主性。在以网络为主的慕课课程中,学生可以自由决定是否参与和如何参与,还可以自主决定利用何种技术来建立自己的学习空间与分享学习内容。该模式鼓励来自世界各地的学习者利用自己所熟悉的软件来建立联系、分享学习内容、贡献学习成果、合作探究学习或者拓展自己的个人网络及专业网络。该课程模式比较复杂,允许学生建立自己的学习空间。

社会交互性是基于网络的慕课教学模式最为关注的重点。在该模式下,课程一般以周为学习时间单位,学生可以在每周内基于特定的主体进行学习,通过大量的互动与参与活动来获取知识,其中所有的学习过程都是开发式的。由于这种慕课模式没有明确的学习结果,因而在学习结束后也不会有十分正式的评价形式。

通过上述分析不难发现,以上三种慕课教学模式存在以下共同特征。

第一,课程设计、组织、应用及评价都是建立在网络环境基础上的。

第二,课程设计面向大多数学习者,具有大规模性,并且学习目标具有多样性。

第三,课程内容在设计上都包括视频、课程资源、学习社区、师生互动及学习评价等部分。

第四,在交互式学习过程中,课程的内容具有开放性及持续创新性。

第五,视频时长通常都保持在 8~15 分钟。

第六,学生在课程选择方面具有较大的自主性。

4. 慕课教学模式的优势

慕课教学模式在我国的兴起必然引发重大教学理念的革新和教学方式的变革,其对于高职英语教学的影响更为深远。下面结合高职英语教学的现状对慕课教学模式的优势进行总结。

(1) 形成语言使用环境

在我国,英语语言使用场景较少,高职院校的学生在英语课堂上所学到的英语知识不能在现实生活中很好地应用,这在很大程度上降低了学生英语学习的成就感,对其日后语言能力的发展也十分不利。慕课的出现为学生提供了良好的英语学习环境,学生可以接触到全英文的语言知识,同时还能和来自不同国家的学习者进行讨论,便于其口语能力的提高。

（2）扩大学生知识储备

在我国,高职英语教学主要是通过课堂教学的形式展开的,面对繁重的课业压力与紧张的教学时间,课堂教学所能带给学生的英语知识实在有限。而慕课教学以网络为平台,向学生提供了更为丰富的知识储备,方便学生及时更新自身知识。慕课的在线课程还包含在线论坛与小组讨论,极大地提高了学生的学习兴趣与效率。

（3）提供能力培养平台

我国虽然对高职英语教学进行了革新,但是从总体上看,还是以基本知识教学为主。这种教学形式阻碍了学生将英语教学与所学专业相结合,无法达到能力培养的目标。在这种教学背景下,很多学生没有意识到英语的重要性,不重视英语的学习,缺乏学习热情。而慕课的出现能够为学生提供最新的专业动向与发展评估,有利于激发学生学习英语的兴趣,促进其专业能力的发展,对于解决高职英语教学与专业教学脱节的问题十分有效。

（4）平衡不同学生水平

高职院校的学生来自不同省份和地区,英语基础参差不齐。在统一的高职院校英语课堂上,教学者无法进行一对一的针对性教学,只能从宏观上使英语教学向着高层面发展。在这种教育现实下,基础差的学生难以跟上教学进度,而基础好的学生又不满足于简单的教学内容。慕课通过开放性的网络平台,能够为给学生提供具有针对性的教学,便于缓解教与学之间的矛盾。在线教育的形式不受时空限制,既有利于基础差的学生巩固练习,又有利于基础好的学生的能力发展。

5. 慕课教学模式的管理

慕课教学模式具有较高的自由性,这就对教育体制提出了一定的要求。大体上说,为了在知识自由流动的前提下保证知识吸收的有效性,相关教育工作者可通过以下几种途径进行慕课教学模式的管理。

（1）使用第三方评价机构

第三方评价机构指的是以第三方的形式对学习者的学历教育和非学历教育进行评价的组织。这些组织通过对学习者的慕课学习进行评估,能够对其学习能力进行综合评定,从而减少传统教学评估的单一性。

（2）建立学分管理系统

慕课教学模式下的学分可以通过更加多样的形式进行,改变传统教学中硬性的学分评价形式。例如,教师可以通过学生的学习过程、学习成就等情况,对学生进行客观公正的评价。

（二）慕课教学模式的应用

慕课作为新兴的英语教学模式，可以通过以下三个步骤进行科学的应用。

（1）课程设置多样化

对于目前的高职英语教学而言，慕课教学有助于改变传统教学课程设置单一的情况。

第一，从课程设置上来说，虽然各高职院校都开设了与英语有关的选修课，但是这些选修课大多是为四级考试而准备的。

第二，从教材上来说，大多数高职院校所采用的英语教材主要有上海外语教育出版社出版的《高职国际进阶英语》、高等教育出版社出版的《实用英语综合教程》、外语教学研究出版社出版的《职业综合英语》等，它们有各自的特点。

第三，从师资上来说，传统的高职英语教学教师资源有限，所讲授的课程大多没有明确的针对性。高职英语教师的年龄跨度较大，授课风格和教学设计也各不相同，不同学生从不同教师课堂上获取的知识内容也有较大差异。

因此，将慕课教学模式应用到高职英语选修课程中也是时代发展的趋势。随着时代的发展，高职英语选修课程的指导思想向着分类指导、因材施教的方向发展。而网络时代的发展能够为高职英语选修课程提供不同层面和环节的支持。通过网络教学可以了解学生选修课程的偏好，利用大数据技术便可以做出学生的偏好分析，获得学生的需求数据，从而调整相应课程内容，满足高职学生的个人需要和职业需求。基于此，在信息化时代下采用慕课教学模式可以大大吸引学生的注意力，根据学生自己的需要和兴趣来选择课程，从而提高自身英语学习的效率。

（2）上课形式多样化

虽然英语教学的改革在不断推进，上课形式也不再像以前那样单一，但是仍旧以教师的教授为主，只是在课堂上利用了多媒体形式而已，即多媒体就是黑板的延伸。但是在信息技术普及的时代下，慕课教学要求上课方式多元化，可以是学生分小组围坐在计算机前探究和讨论，也可以是学生人人手拿平板式计算机参与学习活动。

（3）传统课堂与慕课相结合

如上文所述，慕课对高职英语教学有着深刻的影响，但在实际操作的过程中，仍然有两大难题需要攻克。

一是提高学生的自主性。对于当前的高职学生而言，他们的自主学习能力和自律性存在明显的差异，因此要想让学生适应这种教学模式也需要很长一段时间，需要教师的耐心引导和循序渐进的实践。如果突然让所有学生进行全网络式学习，那么本身英语基础差的学生就很容易感到不知所措，从而放弃英语学习，而那些自制力差的学生在网络环境中容易被其他的娱乐方式或网站吸引,而未并专注于学习。这样就失去了慕课应有的价值和优势。

二是提升教师的专业素养。慕课教学需要对教师进行专门的教师培训能力培训,同时还需准备与教学配套的硬件设施。在这种新型教学模式中,教师扮演着至关重要的角色,可以从以下三个方面来提升教学效果。

第一,教师要了解学生的学习特点,帮助学生树立正确的学习态度和提高自主学习能力,培养学生良好的心理素质,使他们尽快适应信息技术时代下的慕课教学模式。

第二,教师应该充分了解所教学生的英语基础,保证慕课教学内容能够被大多数学生接受和理解,能让大多数学生受益。

第三,教师应该积极探索能够吸引学生兴趣的慕课课件,只有学生对学习内容感兴趣,才会学得快乐、学得轻松、学有所获。

二、翻转课堂教学模式

与传统教学模式相比,翻转课堂教学模式是一种扭转、颠覆与创新,具有非常明显的优势。将翻转课堂教学模式应用于高职英语教学,对提高教学效果大有裨益。

(一)翻转课堂教学模式概述

1. 翻转课堂教学模式的内涵

翻转课堂(Flipped Classroom)又称"颠倒课堂",是指学生在课前利用教师给出的音频、视频、电子教材或共享开放网络资源地址等数字化学习材料,自主学习课程内容,然后在课堂上参与由教师组织的同学间的讨论、探究等互动活动,并完成课程学习任务的一种教学模式。翻转课堂最初是由美国人萨尔曼·可汗(Salman Khan)于2007年提出的,他利用网络视频进行"翻转课堂"授课,取得了巨大的成功。加拿大《环球邮报》将"翻转课堂"教学模式评为"2011年影响课堂教学的重大技术变革"。萨尔曼·可汗堪称翻转课堂的开山鼻祖。

翻转课堂的教学过程包括知识传授和知识内化两个阶段。在传统教学模式中,知识的习得主要有三个步骤:讲授—内化—外化。教师通过课堂来传授知识,学生在课后完成作业与实践来实现知识内化。翻转课堂的教学模式与上述传统教学模式完全不同,教师根据自己的教学计划布置课前预习的内容,学生可以通过

"云课程"及其他媒介在课前主动进行学习,教师对学生学习过程中的困难进行启发、排解,师生之间实现平等交流,学生在课后进一步通过实践来深化知识。简而言之,就是由传统课堂的"先教后学"转变为翻转课堂所提供的"先学后教",实现课堂的翻转。

近年来,翻转课堂同样在国内引起了巨大的反响。作为一种基于信息技术的新型教学模式,翻转课堂颠覆了传统教学流程,大力引导学生开展自主学习。作为一种成功的创新性授课模式,翻转课堂为我国高职英语教学改革提供了有益的借鉴。然而,翻转课堂并不是在线课程,也不是利用视频来代替教师,它只是一种师生之间互动学习的方式,为学生进行自主学习提供了充分的时间与空间,学生在教师对总体学习进程的控制下获得了个性化发展。

2. 翻转课堂教学模式的要素

相关学者经过研究后提出,翻转课堂模式的构成要素包括三个方面:课前教学内容的有效传达、课中内化活动的有效进行、课后学习效果的客观评价。

(1) 课前教学内容的有效传达

在翻转课堂中,课前教学内容的有效传达是教学的基础。当前,我国翻转课堂在传达教学内容时主要采用的是视频及纸质学习材料两种。教学视频被认为是目前翻转课堂课前教学的基本方式。对于教学视频的来源,教师可以尝试以下两种途径。

① 制作视频。对于翻转课堂中所使用的视频,教师可使用录屏录音软件、计算机、手写板、麦克风等设备进行制作,并遵循以下步骤。

第一步:教师可以使用录屏软件来捕捉计算机屏幕上幻灯片演示和计算机操作轨迹。

第二步:利用麦克风来录制讲述的音效。

第三步:利用手写板实现平常书本上的书写效果。

第四步:利用音频编辑软件加工录制的声音。

除此之外,教师还需要关注视频的画面质量。

需要特别说明的是,教师制作的视频应短小精悍。当前高职学生的学习和生活节奏较快,视频只有时长短、节奏快才能吸引学生的兴趣。如果视频太长或内容太过复杂,往往会引起学生的反感。

② 使用现成的教学视频。使用现成的教学视频是教师的最佳选择,主要基于以下两个方面的考虑。

第一,教师在面对视频录制仪器时可能会产生紧张的心理,这会严重影响教学的进程与效果。因为视频录制通常是教师面对机器自言自语,这与传统授课形式带来的心理感受完全不同。

第二,教师的教学任务十分繁重,没有时间和精力来制作视频。高职英语教师通常教授多个班级,课时量大,加之网络平台学习任务的反馈、纸质作业的批改、学生的线上辅导等任务繁重。而教学视频拍摄耗时耗力,大多数情况下需要多次尝试和反复录制才能呈现出理想的视频,这样容易使教师产生挫败感和疲惫感。

因此,如果可以在网上找到该门课程和对应教学内容的高质量教学视频,那么教师就可以节省很多精力。当前,网络上关于教学的视频多种多样,教师可以自己下载或安排学生搜索下载后,在教学中使用。

(2)课中内化活动的有效进行

教师在翻转课堂的组织过程中要注意以下三个方面。

① 在高职英语教学中,不管是听说、阅读、写作还是翻译的教授,都可以运用翻转课堂的教学模式。但这需要教师提前规划和设计好教学活动和任务,首先需要根据下堂课的教学主题和内容,提前为学生设置自学内容、思考的问题以及课前测试,其次依据课前测试结果,了解学生的长处和知识薄弱环节,将薄弱环节设置为下堂课的重点和难点。学生在课前学习教师规定的知识内容并进行自主探究,课中通过参与讨论和小组活动学习新知,教师对重难点进行详细讲解和答疑,随后可以让学生展示学习成果,并通过网络学习平台进行在线测试,对学生的重点知识掌握情况进行全面了解,并给出学习建议和改进措施。学生在完成测试后可以通过系统反馈、同学分享和教师讲解,巩固所学知识点的同时,更新学习资源与知识结构。

② 高职英语的课程教学过程应体现语言学习的发展规律。教师在教学中,要按照从初级认知的识记理解到高级认知的综合应用的逐步递增的过程进行,学习任务由易到难,由浅到深,层层推进。教师在安排学生学习语言知识、文化现象的同时,还需要组织与此相配合的学习活动,让学生在已有知识的基础上加深对不同文化知识的理解,既提高他们的认同感和自信心,又使他们增强获得新知、完成学习任务的成就感。

③ 个体学习与合作学习相结合。个体学习有助于学生充分完成识记、领会等教学目标,通过独立探究,发现问题。而合作学习注重组员之间团结协作,共同解决问题。一般说来,在合作学习前,应该由学生自己进行个体学习和独立思考。教师需要做的就是设置有意义、有价值的个体学习任务和合作学习任务,让学生在自主学习阶段有目的地探究,在合作学习阶段有信心参与和分享。不能独立解决的、能发挥学生之间优势互补的问题,才有合作价值,才能激发学生合作的欲望。这样,不仅能使不善言谈的学生得到锻炼,还能使学生学会沟通、学会互助、学会分享、学会生存,为他们的发展提供原动力。

(3)课后学习效果的客观评价

在翻转课堂教学模式中,教师同样需要重视对学生学习结果的评价。对于翻转课堂中所采用的个性化学习测评,主要依靠教师在平常与学生接触的过程中所形成的评价。教师需要依靠自己的教学经验来判断学生对知识的掌握程度。即时测评有利于学生消除对知识的误解,并根据学生的认知差异为学生提出合理的学习指导。

由于翻转课堂兴起的时间尚短,其评价方式还没有形成一定的系统与规范。因此,翻转课堂的学习评价主要是要求教师与学生保持及时的沟通与交流,根据学生的个性特点进行引导。当然,网络学习平台的线上评价系统也具有一定的参考价值。另外,教师还需要为学生提供多种渠道来展示学习成果,从而让学生建立起足够的自信心与获得足够的成就感,促进他们更有动力地去学习。

3. 翻转课堂教学模式的优势

在传统的高职英语课堂上,教师为了帮助学生习得知识,必须密切关注课堂纪律与学生的注意力。因为一旦学生被某些事情干扰而分心,就会影响他们的学习进度。但是在翻转课堂教学模式下,这个问题便能迎刃而解。概括来说,翻转课堂教学模式的优势主要体现在以下三个方面。

(1)转变传统的学习观念

翻转课堂教学模式对传统学习观念与态度的扭转主要体现在以下五个方面。

① 有助于合理安排学习时间。翻转课堂的教学模式十分利于学生自主学习,能够机动灵活地让学生自主安排学习时间。

② 传统课堂中讲授、练习的环节,在翻转课堂教学模式中成为教师与学生互动探讨知识内容的环节,这种学习方式增加了学生的责任感、意志力,可以有效提高学生独立思考、解决问题的能力。

③ 翻转课堂教学模式中的学习内容通常会根据学生的兴趣、需要进行个性化的重新定位,因此学习内容不再是一成不变的,而是因人而异、按需更新的。

④ 学生在总体学习目标的指导下,根据教师提供的学习材料自主完成知识建构,提升自身的知识水平。

⑤ 有助于英语基础较差的学生反复学习。在传统课堂上,教师关注的往往是成绩优秀的学生。他们可以跟上教师讲课的步伐,积极主动地回答教师的问题。然而,除了这些优秀的学生外,其他英语基础较差的学生则往往是被动听课,有的学生甚至完全跟不上教师讲课的进度。但是,翻转课堂教学模式可以有效改善这种不良局面。在翻转课堂教学模式中,学生最兴奋的事情就是可以随时暂停、重放视频,直到自己看懂、理解为止。另外,翻转课堂教学模式大大释放了教师的时间,使教师有更多的精力来帮助成绩较差的学生。

（2）提升学生的主动意识

翻转课堂教学模式强化了师生、生生之间的学习互动,让学生的主观能动性得到了最大程度的发挥,将学习的主动权还给了学生。虽然在传统课堂中也有教师辅助指导学生的环节,但由于受到传统教学理念的限制,这些教学上的改变流于形式,教学活动仍以教师讲授为主。

在当前时代背景下,网络、计算机技术的飞速发展颠覆了传统课堂的教学方式,翻转课堂教学模式获得了不容小觑的教学地位。在翻转课堂教学模式中,学生根据教师提供的资源首先进行自主学习,这体现出了学生的主体地位,然后在课堂上与教师展开学习方面的探讨,进一步深化与掌握知识内容。

（3）减小学生对教师的依赖性

翻转课堂教学模式将知识的习得放在了首要环节,学生自主性大大提高,有效减少了学生对教师的依赖性。学生在自主学习中遇到问题时,他们首先想到的求助对象可能不再是教师,而是互联网、微课或是其他同伴。久而久之,学生便会习惯于主动探索和学习知识,与其他同学交流、探讨的意识与能力也会增强。这样不仅可以提升学生的知识水平,而且提高了他们人际交往、组织协调、团队合作等方面的能力。在翻转课堂教学模式下,学生对教师依赖性的减少,重新定义了教学中的师生关系和生生关系,它对于高职英语教学有着极其重大的意义。

① 有助于学生开展个性化学习。众所周知,高职院校中的学生的英语基础、学习能力、兴趣爱好有着较大的差异。虽然教育者很早就意识到这一问题,但传统教学却很难真正实现分层教学。翻转课堂教学模式则可以真正实现分层教学,根据学生的能力、兴趣展开针对性的教学,使每个学生都能够按照自己的进度进行学习。

② 有助于课堂上师生的积极互动。与传统课堂相比,翻转课堂教学模式完全改变了师生相处的模式,教师与学生能够实现一对一的交流。如果有多数学生对某一知识点产生疑问,教师可以将这些学生集中在一起给予辅导。另外,学生间的互动也大大增加,他们不再将教师作为唯一的知识来源,学生之间同样可以开展互助和合作学习。

（二）翻转课堂教学模式的应用

目前,翻转课堂教学模式越来越普及,包括我国在内的很多国家已经将翻转课堂教学模式应用于课堂教学实践。然而,由于翻转课堂模式尚未形成系统全面的教学范式,很多地区的翻转课堂教学模式在施行层面只是提出了大致的操作策略,并且不同的学科在实际操作上也存在着很大的区别。相关学者经过研究后,提出了高职英语翻转课堂教学模式应用的基本流程。

1. 课前安排

在课前安排方面,教师要为学生准备充分的学习资料,如英语参考书籍、电子教材、微视频教程、国内外相关英语专题的网址等。下面以微视频的设计为例进行说明。

微视频是目前翻转课堂常用的学习资源,它具有很强的针对性,也是课前学习的核心内容。教师可以根据每堂课的学习目标准备两三个微视频,一个微视频仅介绍一个知识点就足够了,如果内容太多则会影响学生的学习效果。对于微视频的设计,教师需要注意以下方面。

第一,学生在课前学习过程中可以利用网络通信工具与其他同学展开积极的沟通与交流,解决自己学习过程中的疑问与难题,共同促进彼此学习效果的提高。

第二,英语教学视频的互动性、视觉效果、时间长度等对学生的知识习得具有很大影响,教师在微视频中要合理设计学习内容和课前练习的数量、难度等,以帮助学生在已有知识的基础上向新知识过渡。

第三,在设计微视频时,教师还需要顾及学生的适应能力,学生在刚接触视频学习时往往很难集中注意力听讲,只是专注于笔记。为了改善这种局面,教师可以为学生提供视频的副本,解除学生的后顾之忧,引导学生关注当期视频中的学习内容。

第四,在制作微视频时,教师不仅要重视整体上的视觉效果,还要突出学习的主题、要点,根据知识结构来设计互动活动,为学生构建形式新颖、内容丰富的学习平台,提高学生对微视频学习的兴趣。

第五,微视频制作完成后,教师可以将视频上传至学校的网络学习平台或网络班级群,方便学生随时下载和观看学习。

第六,学生学完微视频中的内容后,要对自己的学习过程和成果进行深入的思考和总结,及时将疑问反馈给小组长,然后由各组的小组长汇总给教师,方便教师及时了解学习效果,进行针对性的答疑解惑,调整教学策略。这种方式有利于提高学生总结归纳、自我反思和问题解决的能力。

2. 课堂教学

翻转课堂教学模式的课堂教学过程大致可分为五个步骤:合作探究、个性化指导、巩固练习、反馈评价和课程总结。

(1) 合作探究

首先,教师将学生进行合理分组。合作探究学习从本质上来看就是小组学习的一种有效形式,所以教师需要先将学生进行分组。在合作探究学习的过程中,小组各成员之间的搭配与结构是至关重要的,这要求教师在搭配组员时注意每位学生的知识基础、能力高低、性格特点等,在此基础上才能实现合理搭配。合理分组的目的在于均衡小组成员自身的各项特点,从而有利于他们开展良性的合作与竞争。教师在划分小组成员时应该遵循"组间同质、组内异质"的原则,使小组内各位成员的知识水平、动手能力和性格特点具有差异性和互补性,如此一来,学习成绩较好的学生就可以帮助和指导学习成绩较差的学生,他们在共同任务的要求下会通过相互合作来完成,这样还可以极大地激发那些原本性格内向、参与教学活动积极性不高的学生的参与热情。在小组内部,成员之间要合理分工,各位成员都明确自己的阶段任务,积极思考和参与,在不同的任务阶段发挥不同的作用,从而顺利解决问题和完成教师安排的学习任务。

其次,策划和提出学习过程中的问题。在开展合作探究的学习过程中,教师为学生安排的学习内容要具有可操作性,设计的讨论问题需要具有开放性。在课前,教师需要以学习的具体任务为前提,为小组内每位成员安排相应的学习任务,同时为他们规定完成任务的时间。需要明确的一点是,教师的学习任务不能太笼统,以防小组任务只由个别或少数成员完成,其他组员却完全不出力,如此不仅没有实现学习任务的最终目的,而且也不利于小组成员合作精神的培养。在合作探究学习的过程中,教师作为引导者,应该为学生制定和分配具有一定难度系数的任务,以最大限度地调动他们学习的参与兴趣与积极性。教师还可以为不同的小组布置不同的任务,促进各小组之间相互学习、共同提高。

最后,学习任务的合作应用与过程控制。在小组各成员开展合作探究学习时,教师无须在任务一开始就要求他们共同完成任务,而是应该先让小组各成员根据任务的要求进行独立思考和研究,这有助于他们形成独立的思维能力,然后再让小组各成员就自己思考的结果和得出的结论展开交流,并在讨论中积极大胆地发表自己的观点,最终将所有组员的观点与看法进行汇总和提炼,达成一个让每位成员都认同的学习成果或观点。小组内还可以通过民主的方式选举一个发言人,然后将小组讨论的最终结果反馈给教师或在全班同学面前做汇报分享。

(2)个性化指导

所谓个性化指导,是指教师为个别小组成员进行针对性的问题解答。在小组成员合作探究学习的过程中难免会遇到各种各样的问题,教师可以针对小组所遇到的这些问题展开具体化、个性化的指导,帮助他们排除学习过程中遇到的障碍。当然,如果各小组遇到的一些问题具有普遍性,教师则可以集中予以回答。

(3)巩固练习

简单来说,巩固性练习就是在教师为学生进行个性化指导之后,各小组成员对学习任务的结果进行总结和归纳,然后通过一定的练习来加深印象,及时巩固学习过程中出现的重点、难点。在这一阶段,教师可以适度安排小组之间开展知识交流和问题探讨,从而有助于他们分享学习成果及经验。

(4) 反馈评价

对小组合作探究学习后的结果进行评价,教师不仅要评价学生的学习过程及结果,还要对小组之间、小组内部各成员的表现进行评价。在评价过程中,教师要重视小组任务的整体完成情况,不能只关注某些表现突出或成绩较好学生的表现。另外,教师还需要重视小组中每位成员参与任务完成过程的积极性、主动性,对一些具有独创思维的成员给予中肯的、鼓励性的评价。这样不仅可以让小组其他成员向表现优异的成员学习,而且可以激发组内成员相互学习、共同进步的热情。此外,还可以为小组成员树立榜样,纠正少数学生过分依赖其他组员的习惯,有利于合作探究学习的顺利完成。

(5) 课程总结

教师在本阶段需要尽量给予学生积极向上的评价和鼓励,肯定他们在团队协助、问题解决和学习探究方面付出的努力和优点。当然,由于各组之间和组内成员之间的差异性,教师肯定会不可避免地发现学生在学习过程中出现的问题和错误,对于学生表现不好的方面或明显的错误,教师不要直接严厉地打击、批评,而应当耐心地引导他们往正确的方向去思考和解决问题,给他们提出建设性的意见,使每位小组成员都能从整个学习过程中获得不同程度的成就感和归属感。

综上所述,英语翻转课堂教学模式不仅要强化课前预习的效果,还要注重课堂学习的效率。对高职英语翻转课堂教学模式而言,技术工具、信息资源是学生开展学习的基础所在。在当前信息技术环境下,海量的教学资源、学习软件唾手可得,教师需要做的就是挖掘适合高职学生英语学习的优质学习资源,亲自试用后推荐给学生。对于教师而言,其重要任务是通过课堂活动设计帮助学生掌握知识、巩固知识和内化知识,将语言知识转化成语用技能,这同样也是翻转课堂教学模式的目的所在。翻转课堂能否真正实现学生的个性化学习,这在很大程度上取决于教师能否引导学生合理地制订学习计划、科学地使用信息化学习工具。因此,教师在设计课堂任务时应充分利用情景、写作、会话等要素,引导学生体验知识以及在真实场景中运用知识,真正实现知识的内化和吸收。另外,教师还需要引导学生正确利用网络资源,开展主动自主的学习、友善合作的社交及对未来职业的规划。

三、微课教学模式

微课教学模式的形成并非偶然,而是经历了时代孕育的过程,它已成为"互联网+"视域下高职英语的新兴教学模式之一。

（一）微课教学模式概述

1. 微课教学模式的内涵

从字面上来看，"微课"可以从以下三个层面加以阐释。

首先，从"课"这一层面来看，微课是"课"的一种，是一种内容短小的教学形式。

其次，从"课程"这一层面来看，微课是有计划、有目标、有内容、有资源的。

最后，从"教学资源"这一层面来看，微课具有丰富的教学资源，如数字化学习资源包、在线教学视频等。

但是，对微课的内涵进行挖掘后不难发现，微课是一种具有单一学习目标、短小教学内容、良好知识结构和以微视频为载体的教学模式。微课的最初理念是通过正式或者非正式的学习方式，不断对短小、主题集中、与实践紧密结合的专业知识进行学习，从而提高学习效果，促进知识的内化。

在这一理念的基础上，我国学者对微课教学模式展开了重点研究，很多学者提出了自己独到的见解。胡铁生、黄明燕、李民认为："微课又可以称为'微型课程'，是建立在学科知识点的基础上构建和生成的新型网络课程资源。微课以'微视频'为核心，包含很多与教学配套的扩展性或支持性资源，如'微练习''微教案''微反思''微课件'等，从而形成了一个网页化、半结构化、情境化、开放性的交互教学应用环境和资源动态生成环境"。焦建利认为："微课以某一知识点为目标，其表现形式是短小精悍的在线视频，是一种主要应用于教学和学习的在线教学视频。"黎加厚认为："微课是时间在十分钟内、教学目标明确、内容短小、能够集中说明某一问题的微小课程。"胡铁生提出："微课教学模式从本质上来说是一种对教与学进行支持的新型课程资源。"

上述学者的概念各具针对性，并在一定程度上反映了微课教学模式的基本特征，虽然表述方式和具体内容存在差异，但是其教学理念和核心基本一致。总的来说，微课是一种开放交互、具有完整的教学环节设计和简明扼要的授课形式的教学视频。

2. 微课教学模式的要素

微课教学模式的结构主要涉及四大要素：目标、交互和多媒体、内容和活动。

（1）目标

目标是指教师预期微课教学模式的适用教学阶段，以及期望教学所要达成的结果。因此，高职英语微课教学模式主要包含以下两层含义。

① 应用目的：即设计开发微课教学模式的原因。例如，课前设计的通常是"为

学生的课前知识储备和自主学习讲解的微课",而课后微课的应用目标则应定位为"为学生的课后练习提供指导而制作的相关练习讲解"等。

② 应用效果:即教师在使用微课教学模式后期望学生能够解决的具体问题,如掌握某一题目的解题技巧、引发学生思考等。

一般来说,微课教学模式的目标是具体的、明确的、单一的,其对于微课内容和应用模式的选择起着重要的指导作用。

(2) 交互和多媒体

要想完成微课教学中的教学活动,教师必须借助某些特定的互联网学习工具来保证学生能够正确理解微课的内容,从而实现学生与微课的相互交流。在微课教学模式中,互联网学习工具主要包含以下两种。

① 交互工具。学生在进行微课学习的同时也在促进他们与微课之间的操作交互和信息交互,其交互的类型与形式见表 8-1。

表 8-1 微课教学的交互类型与形式

类型	形式	直接交互对象
概念交互	引发认识冲突的言语	学生与多媒体信息
	引发认识冲突的画面	
	具有提问性质的言语	
信息交互	叙述性的言语	学生与多媒体信息

② 信息呈现工具——多媒体。多媒体能够更好地帮助教师对教学内容进行表达和解释,提高学生在微课学习时与学习资源间交互的有效性,如微课中课件、动画、图形、图像等的呈现。

(3) 内容

内容是指为微课教学模式预期服务的、与特定学科相关的、有目的的、有意义传递的信息与素材。也就是说,高职英语微课教学模式的内容是教师实现预期目标的信息载体。根据微课的目标,并结合学生的学习情况及准备应用的教学阶段等教学实际来设计微课教学模式的内容。微课的内容不同,教师对教学活动的设计也不一样。但是,由于微课的时间很短,内容上往往具有主题明确、短小、精悍、独立的特色,因此需要教师对微课内容进行精心选取。

(4) 活动

活动是主体与环境相互作用的过程,其中环境涉及主体本身、其他主体及客体。这里所说的"教的活动"是指教师这一活动主体与特定微课内容这一客体之间的相互作用过程,通过这种相互作用,学习微课的学生将教学信息有效地传递出来,以帮助学生对课程内容进行理解与思考。"教的活动"是实现微课目标的一种有效方法。一般来说,教的活动可以分为教师的演示、讲授、操作及其与其他主体间的互动等活动类型。

总之,微课教学中这四大因素是相互影响、相互关联的。通过对这几大要素的全盘考虑和精心设计,教师能够构建出结构科学合理、内容丰富精彩的数字化课程资源。

3. 微课教学模式的优势

作为一种新型教学模式,微课资源在高职英语教学中有着非常明显的优势,主要体现在以下七个方面。

（1）主题鲜明,内容具体

微课课程的开展是建立在某一主题上的,其研究和探讨的问题主要来自具体的、真实的教学实践。例如,解决教学实践中的关于教学策略、学习策略、重点难点、教学反思等问题。

（2）反馈及时,针对性强

微课教学有着内容少、教学时间短的独特属性,它可以在短时间内集中开展"无生上课"活动,因此教师和学生都可以迅速获取反馈信息。此外,每一位学生都可以参与课前预演,相互学习,共同进步,这在一定程度上有助于减轻教师的压力,保证英语教学活动顺利开展。

（3）成果简化,多样传播

由于微课教学内容主题鲜明、内容具体,因此其成果易于转化和传播。同时,微课教学时间短、容量小,因此其传播方式也是多种多样的,如网上视频传播、微博讨论传播等。

（4）资源构成情境化

高职英语微课教学的内容通常具有鲜明的主题,且指向非常完整、明确。教学视频片段是微课的主线,并以此对教学设计及其他教学资源进行统整,从而构筑成一个类型多样、主题凸显、结构紧凑的"主题单元资源包",也创造出真实的教学资源环境。这就使微课资源具有了视频教学案例的特点。这样真实、具体的情境不仅有助于学生提升自己的思维能力,还有助于提升教师的教学技能和学生的学业水平。

（5）资源容量小

通常情况下,微课教学模式中的教学视频及配套资料的容量约为几十兆,容量一般比较小。视频格式多为支持网络在线播放的流媒体格式。在英语教学中,微课这一模式有助于教师与学生间流畅地展开交流。

（6）教学内容少

微课教学模式主要是对课堂教学中某一知识点的凸显,或者是对教学中某一环节、某一主题活动的反映。与传统教学内容相比,高职英语微课教学内容精简,更符合教师的需要。

(7) 教学时间短

一般来说,高职英语微课教学视频时长为 3~8 分钟,最长也不应超过 10 分钟。相比之下,传统课堂教学时间长,一般为 40~45 分钟。因此,微课常常被称为"微课例"或"课堂片段",也就是说,微课教学时间短。在当前的英语教学中,使用微课教学模式展开教学有助于学生将注意力集中于短时间的学习,并将这些注意力集中在教学的黄金时段。

(二)微课教学模式的应用

就当前的高职英语教学实践来说,将微课教学模式应用于英语教学活动中时,可从以下三个方面入手。

(1) 加强微课资源的开发与共享

在当前的高职英语教学中仍旧存在着教学资源不均衡的情况。而微课的出现,使得优质的教学资源通过网络传送到全国的高职院校中,从而实现资源共享。

(2) 提升微课视频的录制技术

微课录制技术要追求质量,而且要尽可能的简单,使教师乐于录课,并能够快速提升自己的微课录制技术。另外,微课的研究人员需要不断改进和优化网络多媒体技术,追求卓越,尽可能使微课教学模式推广开来。

(3) 构建微课学习平台

微课教学模式主要建立在视频这一载体上,同时还需要一些辅助模块,如微练习或互动答疑等,这些对于提高学生的学习兴趣、培养教师的信息化应用能力大有裨益。其中,一个创新的方法是微慕课平台,即使微课教学模式展现出慕课模式的系统性和专业性。这一平台有一定的知识含量,且具有结构灵活、系统性强、制作成本低等优点。

四、网络聊天工具辅助教学

随着互联网的普及,互联网实时通信工具的应用已经渗透到日常生活中的各个层面,人们的日常生活、学习、工作已经和网络聊天工具紧密地联系在一起。与此同时,互联网在高职英语教学中的应用有很多方面,比如远程在线教育、网络资源在高职英语教学中的应用、在线语料库对高职英语写作教学的作用等。因时间和篇幅有限,本节主要探讨网络聊天模式在高职高专英语教学中的应用。

（一）网络聊天应用于高职英语教学的本质

传统的经验式外语教学在一定时期内对外语学习起到过举足轻重的作用，但由于它缺乏科学的实证，其效果往往不具备普遍意义。在外语教学研究和二语习得理论指导下的高职英语教学是英语教学实践和改革的必由之路，因此网络聊天模式应用于高职英语教学必须以外语教学理论研究和二语习得理论为基础，网络聊天走入高职英语教学仍应遵循外语教学原理这一原则并没有发生改变。

（二）网络聊天进入课堂的优势

网络聊天进入高职英语课堂后，能为高职英语的教与学带来新的活力，具体表现在：网络聊天能创造出一个最接近真实语言交流的环境；网络文本聊天能促进学习者关注自己的语言问题和他们的对话者所提供的问题语言形态的反馈；网络聊天软件能方便地记录学习者的语料，方便对学习者的语言学习进度进行评估，而且这些语言素材可以永久地存储于网络聊天软件内，从而能减少学习者的焦虑，能更好地促进学习者参与讨论。

（三）网络聊天和传统课堂英语教学的关系

就网络聊天和传统课堂英语教学的关系来说，网络聊天是现代网络技术应用的一种形式，具体地讲，它是"一种即时传递信息的方式，聊天双方通过聊天软件提供的界面，进行一对一或一对多的交流。"在《利用 ICQ 网络聊天活动营造良好语言环境》一文中，郑琼指出，网络聊天对于英语学习者的学习促进有着传统英语教学不可比拟的优势，如它为外语学习者提供了目的语刺激，交互以及意义协商的机会；学习者在聊天中面对的是真实的受众，也是真正的任务；学习者能更关注自己的语言输出；学习者在英语聊天过程中有足够的时间，拥有更多的自主权等。与网络英语聊天相比，传统课堂英语教学中的英语交际活动更容易组织，师生和学生之间的交流更直接，教学反馈更及时，更便于教师调整教学策略，指导学生的语言习得。鉴于此，它是一种非常有效且能同时发挥教学双方各自优势的教学模式。这一模式同时也符合"混合式学习"这一理论的特点，即现代教学与传统教学理论的融合、多种教学媒介的综合、多种教学内容的整合和多种学习方式的混合。

（四）将网络英语聊天嵌入高职英语教学活动中

目前，网络英语聊天对英语学习的促进作用的理论研究已经很成熟，其结论也是肯定的，但国内外真正在教学实践过程中应用这一新的教学平台进行高职英语教学实践和实证研究的教师和学者并不多。以下将介绍并分析国内外两个有代表性的，将网络聊天与英语教学相结合的典型实证研究。

首先是国内陈蔓萍和刘钰峰的研究。陈蔓萍和刘钰峰是国内较早将网络聊天引入高职英语教学并进行实证研究的两位老师。他们对湖南公安高等专科学校2个班105名学生进行了课堂聊天和网络聊天两种模式的教学研究，对学生是否参与讨论进行了实证研究和对比研究。在课堂聊天和网络聊天两种不同的模式下，他们又划分了两个子类别，即自由对话和分组对话。在对统计结果进行分析和总结后，他们发现：网络聊天使英语学习成绩较差学生能更有兴趣参与讨论；网络聊天下的自由聊天模式不能提高学生参与讨论的积极性；在自由聊天的过程中，学生的聊天语言往往都是最基础的语言，许多聊天的主题对学习者的语言能力提高并无多大作用；可以设立更多的主题聊天室，如同网上的英语角，这样可以吸引更多的学生根据自己的兴趣参与到讨论中来。

另一个重要的研究来自国外道格拉斯（Douglas Hamano-Bunce）的研究。道格拉斯指出，外语教学中的计算机中介交流（CMC）对语言使用和协作学习起到了帮助作用，得到了社会认知和社会文化领域的认可；同时，由于计算机中介交流（CMC）的使用为语言的应用创造了条件，通过语言的输出、输入以及交流协作，语言学习者的语言习得过程得以发生。

为了进一步研究聊天室（Chatroom）对英语学习的作用，道格拉斯对阿拉伯联合酋长国的一所大学的英语课程进行了实证研究。在该项研究中，作者对一个班级中16名男生（英语初级水平）的运用交际任务进行了为期10周的实验。在这一实验中，有2对学生各自完成了交际任务中的4个任务，其中2个交际任务面对面口头完成，另外2个任务在网络聊天室完成。作者将这2对学习者的8段对话全程记录下来，并根据"与语言相关的片段"（Language Related Episodes，LRPs）对8段对话进行分析。需要说明的是，施密特（Schmidt）认为，LRPs出现的数量越多，意味着学习者"注意（Noticing）"或者说"对语言的关注（Attention to Language）"越多，而对语言的"注意"是语言习得的先决条件。

最后，道格拉斯的统计结果表明：学习者在聊天室里完成任务花费的时间要比面对面交谈花的时间多很多；面对面聊天比聊天室里聊天出现更多的LRPs，同时，语言的输出量也更大。通过进一步分析和对比4个学习者所使用语言的复杂程度和准确度，结果发现：在聊天室里的语言并不比面对面交流的语言更复杂，语言的准确度也并未明显高过面对面交流组。

尽管道格拉斯的实验结果有点出乎我们的意料,但该结果并未否定计算机聊天对英语学习的积极作用。道格拉斯指出,聊天室为语言有意义的交流,语言的产出及语言的互助学习提供了一个平台;聊天室也能让学生更关注自己的语言问题(LRPs);聊天室最大的作用是能为我们提供一个聊天记录(Chatlog),它为教师纠正和评价学习者提供了极大的借鉴价值。

(五) 开展网络聊天以促进高职高专英语教学的具体方式

根据陈蔓萍、刘钰峰和道格拉斯的实证研究,结合目前高职高专英语教学的实际情况,我们认为网络聊天可以通过以下方式对高职英语教学起到促进作用。

第一,网络聊天模式最好采用视频或者音频的模式。由于互联网技术的进步和软件的升级,语音聊天和视频聊天模式得到了普及,笔聊往往会出现在聊天一方不在线或因其他某种原因不便于语音或视频时。所以在开展英语网络聊天时,应尽量采用"语音"和"视频"模式,这样可以避免因学生计算机输入不熟练而造成的话语滞后,语言产出不足,参与聊天的一方因对方话语滞后而注意力转移而造成对话无法完成的弊端。此外,"语音"和"视频"聊天更接近真实的"会话",在最大程度上调动了学习者的积极性。

第二,班级网络聊天应采用分组进行的方式。根据陈蔓萍和刘钰峰的研究,我们也建议网络聊天以分小组的方式进行。每组可以采用相同的话题或由老师分配给予不同的话题,这样,学生可以选择参与自己感兴趣的话题组,从而避免因对话题不感兴趣,而不参与讨论。另外,所有小组都要指定小组组长,以便于组织、管理、协调小组英语谈话的方向;同时,组长需要记录组员发言的要点,以便在小组讨论后对本组讨论进行总结,或为做小组陈述时提供素材准备。

第三,教师在网络聊天过程中是组织者、协调者、辅助者的身份。为了提高网络聊天的质量,真正实现利用网络聊天提高学生英语交际能力的目的,教师应该根据教学大纲中本单元学习的主题,确定网络聊天的主题和副主题,并同时提前列出本次讨论可能用到的生词和表达方法,以及相关主题的参考资料。

第四,网络聊天应安排在课余或互联网多媒体课室进行。尽管网络聊天有很多优势,但传统的口语课堂仍应该是英语口语教学的首选。网络聊天教学作为一种辅助型的教学手段,需要安排在班级或小组无法面对面进行真实口语交流的时间段,它作为面对面教学的一种补充和辅助,为学生的英语表达和语言学习提供了新的渠道和机会。不可否认的是,虽然课后的网络聊天不受地点的限制,可以为学生提供更多的口语练习机会,但它需要有良好的教学管理制度,才能保障发挥其最大的效用,如教师可以把课余网上聊天参与情况记入课时和过程性考核等,以促进学生重视课余网络聊天。

在国内高职学生缺乏真实语言环境进行英语交流的背景下，网络聊天无疑为我国学生学习英语和提高英语的应用能力提供了一个新的有效途径。然而，由于网络聊天的特殊性，如人机界面较为复杂的操作、实施的难度较大等因素，将网络聊天融入英语课堂还有许多急需解决的问题，如对教师的培训、课程大纲的设置、网络聊天内容和聊天室的管理等。今后，我们将加大对网络聊天和高职英语课堂教学相结合的实证研究，以充分发挥现代信息技术对高职英语教学的促进作用。

第九章 "互联网+"高职英语写作教学实践

根据教育部印发的《高等职业教育专科英语课程标准（2021版）》对于"写"的技能，要求学生能使用正确的语言表达方式，有效完成日常生活和职场情境中的沟通任务。目前，高职英语写作教学存在以下问题：一是学生基础薄弱，写作信心不足。高职学生的英语基础普遍相对较弱，词汇量不足，语法掌握不牢固，这严重影响了他们在写作中的表达准确性。例如，学生可能因为不清楚时态、主谓一致等语法规则，导致句子结构混乱、表意不清。部分高职学生认为英语写作在未来的职业发展中作用不大，因此在英语写作活动中参与度不高。二是写作机会有限，写作任务与真实生活或职场情境联系不够紧密。由于受教学时间和课程安排的限制，学生在课堂上进行写作训练的机会有限，课外写作练习也往往因缺乏有效的监督和指导而效果不佳。教师在教学中选取的写作题材和内容有时与学生未来的职业需求和实际生活场景联系不紧密，使得学生对英语写作缺乏兴趣和动力。三是教学方法传统，评价方式单一。部分教师在教学过程中仍采用传统的"以教师为中心"的教学方法，注重知识的传授，而忽视了学生的主动参与和实践。例如，教师可能在课堂上过多地讲解写作理论和范文，留给学生实际写作和反馈的时间较少。写作评价往往以教师批改为主，评价标准主要集中在语法、词汇和内容的准确性上，对学生的写作思路、逻辑结构和创新性等方面关注不够。而且教师批改反馈的周期较长，不能及时给予学生指导，影响学生的学习效果。

针对学生参与度不高、写作任务不够真实、写作效果不太理想等问题，教师尝试将信息化学习工具与英语写作教学深度融合，创新和重构教学模式，全力打造"自主、探究、合作"的写作课堂。

一、"互联网+"高职英语写作创新教学模式构建

要将高职英语写作信息化教学真正落到实处，高职英语教师应充分利用网络、

人工智能等技术,依托微课、网络学习平台、社交平台、手机学习 App 等网络资源和工具,创设良好的信息化写作环境,充分调动学生的学习主动性和创造性,真正提升学生的英语写作水平。教师通过整合高效的网络学习工具和优质的学习资源,创设学习情境,优化教学内容,拓宽教学载体,丰富任务活动,打造有趣、有效和有用的写作课堂。基于深度融合的高职英语写作信息化教学模式构建图如图 9-1 所示。

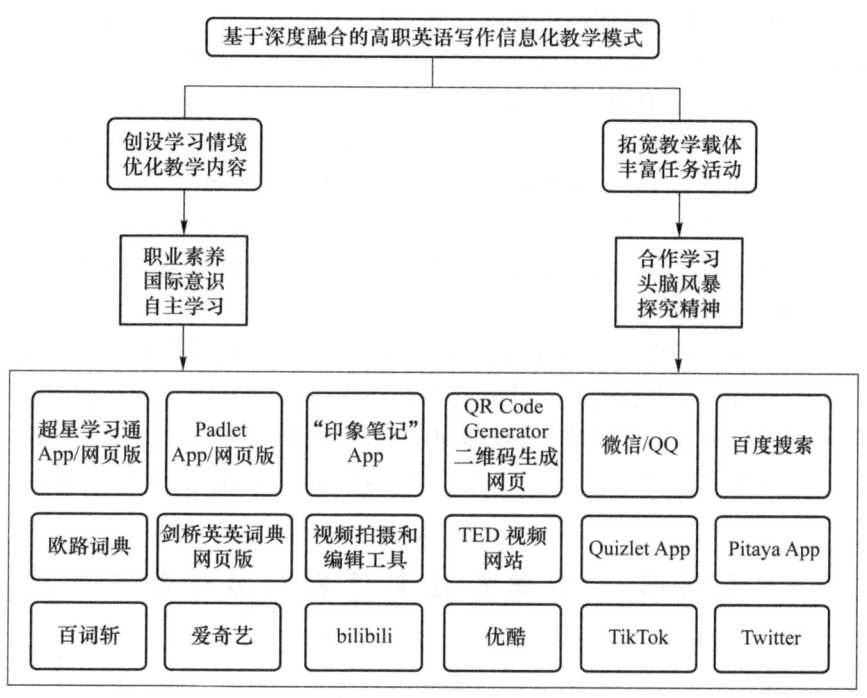

图 9-1　基于深度融合的高职英语写作信息化教学模式构建图

(1) 创设学习情境,优化教学内容,提升学生的职业素养

高职公共英语课程的教材为职场通用型英语,其写作任务普遍适用于所有专业的学生,而缺乏针对特定专业和工作岗位的情境式教学内容。在信息化深度融合的写作教学模式中,教学内容不再局限于单一的教材范文讲解和课后练习,教师对内容进行拓展和深化。根据不同的写作主题和教学班级,从信息化学习工具和网络资源中,挖掘和挑选符合教学主题和职场情境的学习内容,并将这些内容有机融入各个教学环节。比如,教师可根据所教班级学生的职业需求,选择与他们专业相关的演讲视频、职场沟通视频、写作案例分析、词汇检索等网络资源,帮助学生掌握职场情境中必备的语言文化知识和写作技巧,有效弥补教材中专业针对性不强和情境感不足的问题。

深度融合的信息化教学模式能为学生创设良好的情境式写作环境,学生不仅能吸收大量的课外知识,开拓视野,夯实语言基础,提高写作信心,还能在自主探究的过程中,提升知识理解能力、辩证思维能力和信息素养能力。

(2) 拓宽教学载体，丰富任务活动，教学贯穿课堂内外

线上学习工具为写作任务活动的设计提供了广阔的空间，可以充分凸显英语写作的深度、多样性和创造性。教师可根据不同信息化工具的特点和优势，为不同英语基础的学生创造写作机会，提高学生的写作积极性和参与度，打造以生为本、时空自由、交互多元的混合式写作教学模式。

信息化教学使教学载体不再受教材和 PPT 的限制。各大视频网站、网络社交工具、英语电子词典、英语写作和学习 App 都成为高效便捷的教学工具。合理使用信息化学习工具，能有效地促进英语写作的深入性和创造性。比如，学生可使用 Padlet 写作 App 编辑作文、在线分享、相互点评，教师也可在课堂上讲解和评价学生的作品。这种直观和互动的网络教学工具能很好地激发学生的参与热情。Pitaya 写作 App、微信、QQ、抖音和微博等也是优化写作活动的理想渠道。"00后"的学生喜欢制作视频，教师还可要求学生用英语微视频完成写作任务，将写作和口语、表演有机结合起来。

信息化写作工具的在线编辑功能，便于学生随时创作、反复修改和及时保存，有利于学生不断地反思和改进。其丰富的教学资源和独特的操作体验，使学习时间和空间不再局限于课堂和教室，教师和学生的角色也发生了根本的改变。教师成为引导者和帮助者，而学生则是参与活动、运用知识和创新创作的主角。

二、"互联网+"高职英语写作创新教学模式实践

教师以道路与桥梁工程班级英语投诉函写作教学为例，将信息化教学手段深度融入，始终贯穿课前自学、课中内化和课后拓展环节，通过优化教学内容和写作任务，充分体现深度融合的根本性、全程性和实效性道路与桥梁工程班级投诉函写作教学设计如图 9-2 所示。

1. 教学目标

教师在重构教学内容和设计教学活动时要充分考虑《高等职业教育专科英语课程标准》的要求、结合学生的学习能力和岗位需求，帮助学生有效完成路桥工程职场情境中产品投诉的口头和书面沟通。

2. 实施方法

通过课前"阅读-讨论"、课中"讨论-实操-展示-模拟"和课后"写作-分享"的教学模式，创设以学生为中心的合作学习、案例分析、小组展示、情景模拟、口头汇报等学习任务，由浅入深，从易到难，在信息化手段的帮助下，全面提升学生的语言技

能、思维能力、职场素养和跨文化交流意识。

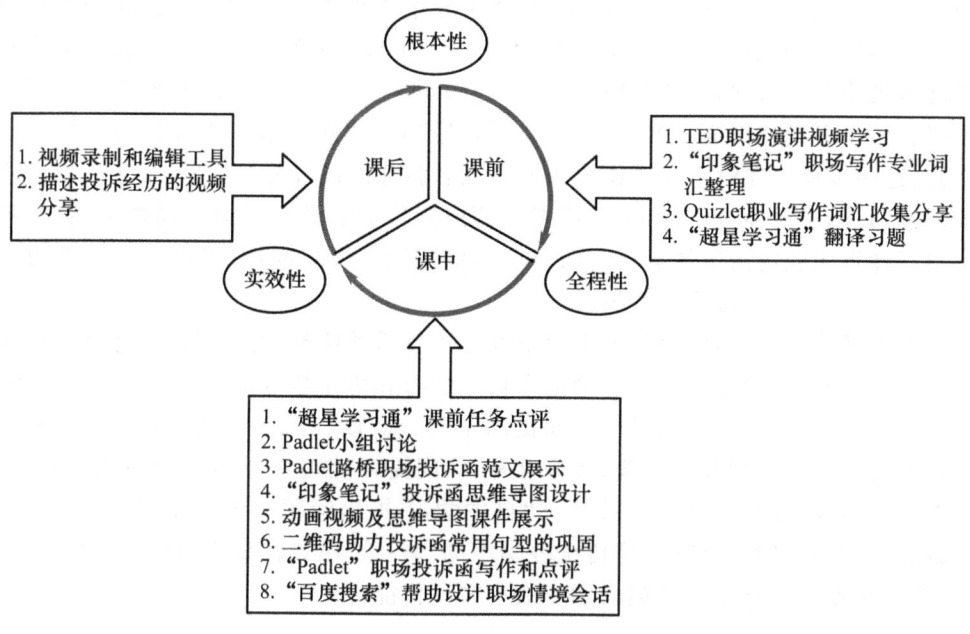

图 9-2 道路与桥梁工程班级投诉函写作教学设计

（1）课前自学

使用翻转课堂的教学方法，以三个课前任务的形式，补充和拓展教材中缺乏的岗位英语知识。一是自学 TED 英语演讲视频《在工作中发现问题我们应该怎么办》，思考在道路与桥梁工程工作岗位中可能出现的问题及解决方法。二是整理和记录道路桥梁工程材料和设备相关的词汇，小组探究，共享学习成果，为本专业投诉函的写作打下语言基础。三是将投诉函相关的句子翻译成英文，巩固语法知识和句型结构，初步熟悉英语投诉函的常用表达方式。学生通过观看视频、整理词汇和翻译句子，提前储备职场英语知识，夯实词汇和语法基础，提升自主探究、互学互鉴和团队协作的职业素养。

（2）课中内化

课中环节分为任务点评、讨论分享、岗位投诉函分析、投诉函写作要点提炼、教师详细讲解、写作实操、情景模拟会话等。教师首先使用"超星学习通"点评学生的课前学习任务，指出优点及存在的问题，并与学生一起总结道路与桥梁专业投诉时常用的词汇，讨论工作岗位中可能会出现的问题和解决方法，自然过渡到投诉函在工作中的运用。教师在教材范文的基础上，针对本专业学生的就业需求，补充讲解和分析道路工程采购员的投诉函，引导学生思考写作要点和注意事项。学生总结提炼路桥工程工作场景的投诉函写作要点及常用句型，整理成思维导图。在教师讲解环节,补充动态直观的动画视频和思维导图教学课件,详细讲解路桥工作岗位中英文投诉函的写作思路及常用句型,并引导学生思考中西方投诉方式和投诉函书写的差异,培养学生的多元文化意识,树立合理维权的法律意识。为深化学生对投诉函表达方式的理解,教师还增加英语投诉和建议的不同句型,将它们设计成二维码。各小组通过扫描二维码,讨论和学习适用于道路与桥梁工程投诉函的句型结构,进一步加深理解。在写作范例的研究和教师的讲解分析之后,学生独立完成投诉函写作,并分享至 Padlet 中获得教师或同伴的点评。在情景模拟会话时,各小组设计真实职场情境的英语会话,讨论材料验收、发现问题、投诉建议及解决问题等事宜,进行角色扮演和汇报展示。

在本环节中,教师将信息化手段全程融入各活动任务,将枯燥的写作教学以更直观、生动和有趣的方式呈现。学生在自主学习和协作学习相结合的真实体验中,不仅训练了"写"的技能,同时也全面提高了听、说、读、看、译的能力。小组讨论和合作式写作任务体现互学互鉴、优势互补、共同提高,学生在合作和讨论的过程中,不断完善写作思路,提升表达技巧。"自主学习-提出问题-小组讨论-师生互动-反思优化"的学习过程,有效地将传统教学中的"教-学"模式转变为新时代的"学-教"模式,从根本上提高学生的英语学习效率和写作能力。

(3) 课后拓展

课后拓展活动要求学生用英语描述自己的投诉或退换货经历,并将其拍摄成视频。这项任务符合大学生的生活经历,集写作、拍摄、表演、讲述于一体,既能很好地激发学生的学习兴趣,又能有效地将英语作文转化为可视化的视频作品。学生构思情节,写作脚本,熟记台词,并加入肢体语言和情感演绎,用英语讲述自身的故事经历。使用手机拍摄英语故事,可以帮助学生克服面对全班同学表演时的紧张和焦虑。大部分学生会进行多次彩排和拍摄,不断完善自己的构思、用词、发音、肢体语言、视频美化元素等,以呈现出作品的最佳效果。

这项拓展任务并不是对本堂课教学内容的简单重复,而是进一步的延伸和深化,强调个性化的表达,注重英语综合应用能力的提升。这一反复练习、自我优化和自信分享的过程,不仅提高了学生的英语表达能力和软件操作能力,而且培养了学生自主探究和精益求精的职业精神。

三、社交软件丰富课后写作活动

QQ 和微信等社交软件也可作为丰富课余写作活动的重要渠道。教师在英语教学班级 QQ 群内发布写作任务,鼓励学生进行英文自主创作,提升学生的英语写作能力。因高职学生的英语基础各不相同,他们的写作时长、写作质量也具有差异性。因此，QQ社交软件写作在督促和提醒学生及时完成学习任务的同时，这种合作式和任务型的学习方式，不仅给学生提供了互学互鉴的机会，提高其写作信心，还能大幅度地提升学生的自主探究和自我完善的意识。

教师在教学周期内，定期为学生设计QQ群课后写作活动。从以下三次小组QQ群写作活动的聊天记录可以看出，学生在这种平等交互的学习环境中，参与的积极性、自我纠错的能力、英语写作能力都得到了显著的提高。

（一）英文书信纠错活动

活动时间：2021年3月26日。

活动内容：教师给出一篇有多处错误的英文书信，由学习小组进行合作探究，在QQ群内纠正书信中出现的错误。

Teacher 17:32:13

Today, we'll correct some mistakes or inappropriate expressions in a piece of writing by a student. Everyone needs to put foward ONE correction at one time.

……

Teacher 17:39:56

The original writing is as follows.

Dear Chen Lin

It seem ages since I heard from you. I have pleasure for inviting you to my holiday, from 1 to 7 May. Every year I don't plan what to do. I used to getting back to home in many instances. This year I'd like to make a see to Shaoshan, which is Chair Mao's hometown.

On the one hand, I have many classmates who studying in there. They all should have a good knowledge about XiangTan. On other hand, the culture of XiangTan was impressed we deeply. I'm occasionally pining for the footloose days of visiting. So I hope you will soon be here to see by yourselves. If you have any problems for this trip, please call me. And we can discuss the surely time.

Write or phone as soon as you can, and come!

Xiao Li

Teacher 17:40:18

I'd like to correct "seem" in the first sentence into "seems".

Student A 17:41:04

"ages" is not good. maybe correct into "a long time".

Teacher 17:41:36

OK.

Student N 17:43:12

plan—plan to.

Student Bill(42194857) 17:43:49

I have pleasure—I'm pleasure.

Student S 17:44:09

which—where.

Teacher 17:44:22

If you think our members' corrections are not good enough, you can also correct them.

Student S 17:45:16

On the other hand.

Teacher 17:45:25

I'd like to change B's answer "I'm pleasure" to "I'm pleased".

Student B 17:45:55

Thank you.

Student A 17:46:35

"I have pleasure for inviting you to my holiday."—"Il's my pleasure to invite you to come during my holiday" will be better.

Teacher 17:46:53

Wonderful!

Bill(42194857) 17:47:55

used to getting—used to get.

Student L 17:50:32

Every year I don't plan what to do—I don't alway planing to do something special.

Student A 17:51:27

Every year I don't plan what to do—I don't alway planing to do something special.

Student Bill(42194857) 17:52:24

I don't know what to do when I'm free.

Student L 17:52:59

I used to getting back home.—I used to come back constantly.

Teacher 17:53:25

That's great.

Student N 17:55:59

Write or call me as soon as you can.

Student S 17:57:07

"This year I'd like to make a see to Shaoshan, which is Chair Mao's hometown."—this year I'd like to visit Chair Mao's hometown, Shaoshan.

Teacher 17:58:15

I have many former classmates who are studying there.

Student Sunny17:58:29

"Dear Chen Lin" should be "Dear Chen Lin,".

Teacher 17:59:06

Sunny always gives us surprise.

Student N 18:04:01

I impressed deeply by Xiangtan's culture.

Teacher 18:04:12

Don't you guys think we need to use passive voice here?

Student A 18:04:31

I got a deep impression in the culture of XiangTan.

Bill(42194857) 18:05:08

I'm impressed.

Student S 18:06:11

The culture of XiangTan was impressed me deeply.—the culture of XiangTan impressed me deeply.

...

Teacher 18:19:20

Well done, all. After our collaboration, the writing is polished as follows:

Dear Chen Lin,

It seems a long time since I heard from you. It's my pleasure to invite you to come during my holiday, from 1 to 7 May. I don't always plan to do anything special (I think I do not have any scheduel when I try to do something). I used to come back constantly. This year I'd like to visit Chair Mao's hometown-Shaoshan Mount.

On the one hand, I have many friends who are studying there. They all should have a good knowledge of Xiangtan. On the other hand, the culture of

XiangTan impressed us deeply. I'm occasionally pining for the footloose days of visiting. So I hope you will be here soon. / So I hope you will soon be here. / I hope you will come to have a visit by yourself as soon as possible. If you have any problems for this trip, please call me. And we will discuss the suitable time. / And we can discuss the exact meeting-up time.

Write or phone me as soon as you can.

Xiao Li

（二）英语故事续写接龙

活动时间：2021年4月15日。

活动内容：以 Once there was a princess 开头，某小组学生按指定的顺序接龙续写故事。

Teacher 19:08:53

Let's write a story starting by the sentence: "Once there was a princess…"

Student A 19:10:29

Ok.

Student A 19:11:12

She is so pretty and cute, she lives in a happy family.

Student N 19:12:24

But she felt in love with a poor boy.

Teacher 19:12:00

Wonderful!

Student N 19:12:46

Which can not give her happiness.

Student B 19:13:27

The poor boy have nothing but a golden heart.

Teacher 19:14:10

One day, he decided to change his poverty and went to the city, where the princess lived.

Student S 19:16:47

He can't found any job here, because he is poor and had no money, he feel so hungry and sad.

Teacher 19:16:25

Great!

Student S 19:18:02

Haha!

Student A 19:18:18

So as all people are driven to pursue happiness in the world, that poor guy decided to work hardly to win that princess family heart.

Student A 19:18:22

But...

Teacher 19:18:22

This is awsome.

...

Student A 19:24:29

This prince is called Jack, who loves the princess very much, bue the princess loved the poor guy, she can't stop to think about him.

Student N 19:26:26

This makes that brave poor guy to don't give up, even the princess family doesn't love him very much.

Student N 19:27:01

Because of his poverty.

Student S 19:26:52

The princess was heartbroken and committed suicide.

Student S 19:27:35

Sorry.

Student S 19:27:39

I misunderstood.

Student S 19:27:48

I'll try again.

Teacher 19:29:21

It doesn't matter.

Student S 19:29:45

Embracing the authentic love from the princess, the poor boy, David, still had an endless power and impetus to move forward.

...

Student A 19:32:38

Jack help David found a job, and send him to school, but one day, he realised that his best lover loved another guy.

Student N 19:34:31

So the poor guy was heartbroken and tried to commit suicide.

……

Student N 20:02:58

It's nice to participate this activity. I've learned lots of things.

Teacher 20:03:17

Me too. I'm impressed by your imagination.

(三)使用单词创作故事

活动日期:2021年5月25日。

活动内容:小组6名成员每人给出任意一个实词,每名成员用这6个单词创作一个英文故事或写一段话。写作时,单词的顺序和使用次数不限。

Teacher 14:16:12

The norm of the game is as follows:every participant gives us a content word(adjective,norm,verb,adverb),then write a short story in pairs by using these words. You could use these words in any order.

Student N 14:17:24

That's interesting. my word is "meadow".

Student J 14:17:33

"then" could be used, i guess.

Student A 14:18:34

Oh, I see, my word is "happy".

Student S 14:19:01

My word " love".

Student B 14:19:50

My word for it is "doomsday".

Student F 14:20:22

Mine is Maya.

Student A 14:33:36

On a doomsday, a happy girl who always dream a fantastic dream, which is one day she will met her true love at a beautiful meadow. But her father is a devil who force she to marry an old but rich guy, so she run away from home, stay at a beautiful meadow. She pray to Maya to help she.

Student A 14:34:53

Sorry, my grammar mistakes!

Teacher 14:36:06

It's ok. It's well-designed and interesting!

Student A 14:38:13

On a doomsday, a happy girl dreams of a fantastic scene, which is about one day she will meet true love on a beautiful meadow. But her father is a devil who forces her to marry an old but rich guy, so she runs away from home, stays at a beautiful meadow. She prays to Maya for help.

Student S 14:36:45

These days, bill heard somethings about the Doomsday which the history about Maya'S legend, but he didn't think it's ture, in his opinion, he and his family live in a happy world. And he love the people around him, he likes fantastic scene.

Student S 14:37:25

I need to modify my story, too.

Teacher 14:37:55

Good work! Just go ahead.

Student A 14:38:13

On a doomsday, a happy girl who always dream a fantastic dream, which is that one day she will meet her true love on a beautiful meadow. But, her father is a devil who force she to marry an old but rich guy, so she run away from home, stay at a beautiful meadow. She pray to Maya for help.

Student S 14:40:13

These days, bill heard somethings about the Doomsday which the history about Maya'S legend, but he didn't think it's true, in his opinion, he and his family live in a happy world. And he loves the people around him and likes fantastic scene, now, he still stands in the meadow, looking up to the sky and praying the God help them. the legend will never happen.

Student A 14:41:02

Haha, good stroy!

Student N 14:41:08

Yesterday, it was doomsday. The scene was horrible: people are looking forward to a new planet. But unfortunately, we are still live now because my friends and I found another planet. We have plenty food, plants, farms and rivers in this planet. We build a new Maya.

Teacher 14:41:27

Excellent!

Student D 14:42:01

I am happy when I think of my childhood, because all of members in my family love each other from then on. My parents told me about the story of Maya and how fantastic that world was. We had a good time when we lied on the meadow. But one day, the kingdom of Maya disappeared from the earth. It was the Doomsday for the people in that nation. Nobody can tell what happened. That is a mysterious world to me!

Student B 14:42:21

1st, April 2100, the earth which once were our beautiful family finally can't stand human's torture. Human have found a planet on which there are lots of native people calls NahNah. They are warm hearted persons, helped human to survive in this world full of wild animals. After Human adapted this fantastic world, they have found several large natural resource the earth didn't have. In the process of exploration of the natural resource, pollution is appearing again, in the name of love for the whole world, NahNah waged a justifying war against human. It's been tragedy for the two peoples, corpses and damage being all over the green planet. In history of this new world, the day calls Doomsday.

Student F 14:43:41

Maybe everyone wants to have a happy day. It's the best way to be happy everyday. Actually, it's very simple. It's fantastic to sit on the meadow and bath in the sunshine in a winter's noon. I promise you can get a beautiful mood in several days. We know Maya is the symbol of love, which described in the Doomsday. Someday Maya comes to you, you will find you are the happiness one in the world.

使用QQ社交工具写作，学生除了输入文字方式外，还可以将创作的英语文章以发送语音的方式分享到群里，集写作和朗读于一体，有利于学生之间互学互鉴。

(四) 问题反思

教师在课前、课中和课后教学环节中，深度融入信息化教学工具，挖掘优质的学习资源，充分考虑学生的兴趣爱好、学习能力和职业需求。教学实施虽仍以教材为基础，但对教学内容进行了大量的个性化扩展和优化，并设计了多样化的写作活动和任务,尊重学生的个体差异,极大地促进了教和学的效果。

但教师在教学实践中发现,在使用信息化工具进行英语写作教学时,仍需注意两大问题。一是加强引导和监督。引导学生尽量避免使用智能输入法的单词自动生成功能和手机翻译功能,以免影响教师对学生真实写作水平的判断和评估。二是尽量缩小学生的"数字鸿沟"。针对全英文模式的教学 App,教师应详细讲解其操作要点,并在使用时提供必要的帮助,以增强学生的写作信心。

总之,信息化教学与高职英语写作课堂深度融合仍有广阔的探索和实践空间,教师应充分利用信息化学习工具的优势,挖掘适合学生学情基础和职业需求的教学资源,努力构建真实、开放、交互、合作的英语写作环境,真正提升学生的职场涉外沟通、多元文化交流、语言思维和自主学习能力。

第十章 "互联网+"高职英语课程思政教学实践

教育部印发的《高等学校课程思政建设指导纲要》（教高〔2020〕3号）指出，公共基础课程要重点建设一批提高大学生思想道德修养、人文素质、科学精神、宪法法治意识、国家安全意识和认知能力的课程，注重在潜移默化中坚定学生理想信念、厚植爱国主义情怀、加强品德修养、增长知识见识、培养奋斗精神，提升学生综合素质。高职英语理应贯彻"三全育人"的理念，遵循职业学校学生认知规律，"守好一段渠、种好责任田"，在课程教学中提炼出爱国情怀、社会责任、人文精神等价值范式，充分发挥高职英语课程价值塑造、知识传授与能力培养的功能。

而在高职英语课堂的思政教学实践中，或因教师对课程思政的内涵理解不够深入，或是思政内容与教学内容未做到有机融合，"两张皮""贴标签"以及将课程思政强行"植入"的课堂教学现象时有发生，因此教学效果不尽如人意。

为改变课程思政在高职英语课堂融合不理想的局面，可根据学生的学情基础、专业特点和岗位需求，充分利用信息化教学手段，重新整合教学内容，在校本教材的基础上设计和增加活页教材，对教学模式进行改革创新，使"立德树人"的课程思政理念真正落实于高职英语课堂。

一、拓展教学资源

传统的课堂上，课程思政只能凭借教师口述、图片或文字材料的讲解，缺乏生动性、趣味性和直观性。充分使用信息化教学手段和可视化资源，线上和线下的混合教学模式，为高职英语课程思政教学提供了更丰富和优质的渠道和资源，也为中华优秀传统文化融入高职英语课堂提供了有效的技术支撑。

"00后"学生习惯使用手机和App辅助学习，教师根据这一学习特点，提前选择合适的教学内容，通过学习App，设置课前预习或课后巩固任务。例如，学习通App不仅可以丰富课堂活动，而且方便布置课前学习任务。教师设置与下节课内容相关的习题,提前了解学生的知识基础,把握教学重点和难点,真正做到因材施教。对学生而言,课前练习也提升了他们的自主探究能力和信息素养能力。

Utalk语言学习平台上的口语练习资料丰富,学生在进行人机对话口语操习时,系统会根据他们的发音、语速、流利度等自动赋分。很多学生反复模仿和操练同一个句子,直到获得理想的分数。这一反复精听、跟读、模仿、纠正和练习的过程,不仅对学生的英语发音和词汇运用有极大的帮助,还能较好地培养他们不怕困难和精益求精的精神。

除了学习App,微信公众号如Chinadaily、21世纪英文报等,每天更新中国时事和文化有关的新闻报道和音视频文件。教师给学生推荐合适的学习资源,帮助他们扩大知识面,掌握更多与中国文化相关的词汇和句型。教师要求学生在课前观看知识点的讲解视频和课程思政视频,或者在课堂上播放视频,以此作为话题或情境导入的方式。这种主题体验式教学不仅能引导学生思考和提炼要点,还能激发学生参与小组讨论的积极性。

在教学中,我们还可以使用其他可视化资源(如各种思维导图工具、教具等),也可以用更生动直观的方式突破教学难点,提高学生的语言应用能力和创新思维能力。

二、丰富教学活动

传统的课堂教学以教师讲授为主,但如果将丰富多彩的课程思政活动有机融入课堂内容,会明显提升学生的学习兴趣和效果。

以教材第2册 Unit 6 Quality为例,教师使用活页教材,拓展语篇阅读材料"Hong Kong-Zhuhai-Macao Bridge"。为了让学生更好地理解文章内容和树立文化自信,教师在课前安排学生观看纪录片《港珠澳大桥》,并完成习题和翻译任务,让学生对港珠澳大桥和"中国基建"有一定的认识和了解。在讲解课文时,教师设置情境导入、新知讲解、多法导悟、导图设计、小组讨论、情景模拟等教学活动,并借助港珠澳大桥教学道具进行演示和讲解。学生分组设计思维导图归纳总结文章内容,运用关键词描述港珠澳大桥的特点及重要意义。在情景模拟中,选择中国在"一带一路"倡议合作国家中修建的某座桥梁,用英语描述该桥梁的特点和意义,培养学生的多元文化意识。在教学过程中,各小组成员分工合作,搜索和了解相关知识,整理和总结要点,不仅能加深学生的团队合作精神和语言沟通能力,提升职业素养和语言文化素养,还能让学生更深刻地体会"中国速度"和路桥专业"工匠精神"的重要内涵,使学生增强文化自信,厚植爱国情怀。在讲述Money章节时,教师则加入小组辩论的活动,将全班分为三个小组,分别代表现金支付、信用卡支付和手机支付三种方式,辩论三种支付方式的优缺点,以此巩固学生的英语知识,并且潜移默化地增强了学生的法律意识、自我保护意识和风险防范意识。在口语练习环节,通过人机对话、角色扮演等活动,增加学生的操练和展示机会,提升学生的自信心和口语表达能力。

三、优化教学内容

教师应根据职业能力培养目标,对现有英语教材进行深入分析,充分挖掘单元主题中蕴藏的思政元素,拓展和补充具有思政教育价值的文本、视频、话题和案例。教师还应对不同专业的学生因材施教,结合英语在职业场景中的应用,融入职业道德、团队合作、创新精神等思政内容,提高职业素养,增强文化自信,培养爱国情怀。

教师以道路桥梁工程技术教学班级为例,根据专业特色和就业需求,优化教学内容,使课程思政全程贯穿和有机融入。

(一)教学内容与职业需求和岗位核心能力相结合

道路桥梁工程技术专业的学生对交通运输这一话题有着不一样的职业情怀。因此,教师应充分尊重学生的认知能力和学习能力,在设计教学活动时由浅到深,由易到难,层层推进。教师以校本教材《新职业英语1》中 Unit 6 Transportation 阅读篇章 *How Do We Transport Our Goods* 为例,对这一主题教学进行创新和设计(见表10-1),巧妙地将思政教育融入教学的各个环节,创新教学内容和方法,实现知识传授与价值引领的有机统一。

表 10-1　*How Do We Transport Our Goods* 教学设计

学习阶段	教学环节	教学内容	设计意图
课前自学	新知导入	1. 微视频①:《如何归纳和总结课文关键信息》。 2. 课文预习:预习课文,查阅生词,并标记文中所有被动态的句式。 3. 阅读练习:在学习通平台上完成阅读理解习题	信息素养:利用信息化手段培养自主学习的能力
课中内化	兴趣点拨 7 mins	课时一 1. 作业点评:检查学生的被动语态句型课前作业,调查学生找到的被动语态个数,学生自我检查和纠错。 2. 背景情境:通过播放微视频②《人类从走到飞》,让学生了解、讨论和总结主要的交通出行方式,自然过渡到货物运输方式	1. 职业素养:互学互鉴的精神。 2. 人文素养:交通工具发展的历史知识

续 表

学习阶段	教学环节	教学内容	设计意图
课中内化	要点提炼 10 mins	1. 要点归纳:从交通工具中归纳出货物运输工具。 2. 引导思考:思考主要的货物运输方式	文化自信:介绍"神舟13号"的科研探索突破和中国自主研发的"复兴号"高速列车,培养学生的文化自信和家国情怀
	导图设计 10 mins	小组任务:阅读课文,总结归纳每种运输方式的特点,设计思维导图	职业素养:自主探究能力和团队协作意识
	小组展示 10 mins	1. 分组展示:学生展示思维导图,并用英语陈述设计思路,描述五大运输工具的特点。 2. 作品点评:肯定学生的思考和成果,提出中肯的评价	职业素养:互学互鉴的精神
	教师讲解 8 mins	详细讲解:教师展示自己设计的思维导图,并结合"顺丰速运"的案例详细讲解五大运输方式的优点和缺点	1. 信息素养:利用信息化手段突破难点,将课文内容可视化。 2. 文化自信:通过了解"顺丰速运"案例所体现的高品质、高效率和智能的特点,厚植爱国情怀
		课时二	
	方案优化 10 mins	优化设计:根据教师的思维导图示范和要点讲解,优化和修改思维导图作品	职业素养:精益求精和团队协助的精神
	主题辩论 10 mins	主题辩论:将全班学生分为五组,分别代表五大货物运输方式,辩论各运输方式的优缺点	职业素养:团队协作意识,探究能力和辩证思维能力
	情景模拟 20 mins	1. 企业任务:企业导师发布情境任务,要求每小组根据尼泊尔公路工程发货清单上的材料和设备,选择最佳的货物运输方式 2. 汇报展示:小组代表上台用英语陈述各种施工材料和设备的最佳运输方式及理由	1. 文化自信:以中国"一带一路"倡议重要合作伙伴国——尼泊尔作为专业情境引入,培养学生的爱国主义情怀。 2. 职业素养:团队协作意识、探究能力和大国工匠精神
	总结归纳 5 mins	总结本次课主要内容及重难点	职业素养:精益求精的职业精神
课后拓展	任务拓展	拓展任务:阅读与运输有关的语篇,总结和归纳文章的要点信息	职业素养:自主学习和探究的能力

高职英语课程思政教学不仅要提高学生的外语水平，而且要重视学生素质与品格、思维能力与创新精神、自主学习和合作学习能力的培养。在本节课的教学中，教师根据交通工具的发展历程，自然融入"神舟十三号"取得的太空探索突破和介绍中国自主研发的"复兴号"高速列车，在情景任务中融入"一带一路"倡议的重要意义，厚植学生的家国情怀。学生通过设计个性化的思维导图，巩固了归纳和整理要点信息的阅读技巧。整个教学不仅培养了学生创新能力、团队协作能力和自主探究能力，精益求精和互学互鉴的职业素养，还提升了学生的信息素养、人文素养和文化自信，将课程思政理念贯彻始终。

（二）教学内容与时事新闻相结合

时事热点在英语课堂的导入也可以做到自然贴切。例如，学习 Business Meeting 课文生词 session 时，正值中华人民共和国全国人民代表大会和中国人民政治协商会议（以下简称"两会"）召开期间，教师便可以将生词与时事热点 Two Sessions 自然地结合起来。通过播放英文视频，介绍"两会"的重要意义，学生不仅将强化了 session 这一单词的朗读、拼写和使用，而且学到了更多与中国文化相关的英文表达方式，如 Shared Future of Humanity（人类命运共同体），The Belt and Road Initiative（"一带一路"倡议），The sea refuses no river（海纳百川）等。而在北京冬奥会召开期间，教师通过"北京绿色奥运"视频导入情境，学生讨论在工作岗位中使用绿色建材（green materials）的重要性，不仅树立了绿色环保和成本节约的路桥工匠精神，而且增强了学生的爱国情怀。

（三）教学内容与中国传统文化和特色文化相结合

在学习 Business Meals 章节时，教师使用活页教材，讲解中国菜的翻译方法，并让学生设计中国菜的英文菜单，学生通过自主学习、教师讲解、小组合作、菜名翻译、菜单创作等活动，内化了中国菜肴的翻译技巧，同时也增强了对中国饮食文化的热爱。在讲授 Business Travel 章节时，学生通过观看外国游客在北京旅游的讲解视频，学习了各大景点的英文表达，并了解用英语描述如何吃烤鸭、包饺子、写中国字等。根据季节变化，让学生观看有关二十四节气和传统节假日的英文视频，如英文视频《Grain Rain》不仅讲述了谷雨节气的特点和文化内涵，而且介绍了中国古代的丝绸之路、安化黑茶等文化特色。此外，教师还可以与学生一起欣赏跟季节相关的古诗翻译，如《清明》《春晓》《秋菊》等，学习中国特色文化的英文表达，成为中华文化的优秀传播者和中国故事的优秀讲述者。

本教学实践将课程思政理念贯穿于课堂内外，根据教学单元主题和学生的岗位需求设置思政主线,针对每个主题的听、说、读、写、译技能训练,融入适合职场情境和职业技能的思政元素。通过课前自学、课中内化和课后拓展,层层推进,使课程思政和英语教学做到理实结合和有机统一,内容兼具广度和深度,使不同英语基础的学生都能在语言技能、职业素养和爱国情怀上得到较大的提升。

第十一章 "互联网+"高职口语教学实践

微信已成为"00后"大学生热衷的社交工具,它可以方便快捷地收发信息、浏览文章、语音聊天、分享链接和视频。高职院校的学生习惯使用微信交流、支付、分享,但是很少有学生用微信学习英语。高职学生来自普高、职高或中专院校,英语基础参差不齐,大多数学生学习英语只是为了应付考试,传统单一的教学方法很难激起他们的学习兴趣。他们不敢或者不想开口说英语,只有少数学生在课堂上与教师形成良好的互动。为了激发学生的英语学习兴趣,改善他们不敢开口说英语的现状,教师根据班上学生的实际情况,设计新颖、丰富的学习内容,使用微信辅助日常英语教学,每天在班级群分享不同的口语学习内容,由学生自主练习打卡,并结合使用多种点评方式,取得了较为理想的学习效果。

一、教学设计与实践

(一) 教学对象

本次教学实践对象为本校公共英语课程的大一学生,三个教学班级共计176人。他们的学习习惯和兴趣具有较为普遍的特征:一是缺乏学习主动性,但他们不再受升学考试的约束,因此对西方文化(如娱乐、电影、名人等)仍有浓厚的兴趣。二是缺乏口语实操练习。受应试教育的影响,他们在进入大学前通常以做习题为主,一成不变的教学方式难以吸引他们坚持练习口语。因此,教师在此次口语打卡实践的内容和点评方式上,综合考虑了学生的学习习惯、目的和兴趣,做了个性化的设计。

(二) 打卡内容

根据高职学生的年龄、兴趣和语言基础,教师精心挑选打卡内容,并附上原声音频或视频的链接。如果没有相关的网络学习资源,教师示范朗读后发至班级群,或者由口语发音较好的学生做示范。为增加学习的趣味性,注重打卡内容的多样化,以下五种不同类型的学习资料交替使用。

① 教师提前准备的名人名言。如果句子较长,教师提示学生可以选读部分内容,以降低打卡难度。

② 学生推荐的句子。学生提前将内容发给教师,教师筛选后分享至班级群。

③ 名人演讲视频或经典电影片段。学生观看视频,自行摘录句子进行打卡。

④ 励志英文歌曲或 MV。学生从经典励志的歌曲中,选择一句歌词进行朗读或演唱打卡。

⑤ 电影、广告或文学作品的配音材料。教师从配音 App 中选择合适的材料,学生模仿语音语调,完成配音后发送至微信班级群。这些学习资料将视觉与听觉有机结合,学生边看边听边读,使语言的输入和输出同步进行。

此外,为提高学生的学习兴趣,教师在分享打卡内容时可以补充大量的文化知识。例如,在打卡可可·香奈儿的名句"My life didn't please me, so I created my life."时,教师介绍香奈儿的经历和故事,并通过相应的服装、饰品、化妆品图片来说明她在时尚界的影响力。在打卡"For you, a thousand times over."时,教师介绍句子的出处、作者卡勒德·胡赛尼的生活经历、重要作品等,并引导学生了解《追风筝的人》所体现的阿富汗生活和文化。教师还可以根据学生的教材主题或不同的节日,进行相关的歌曲打卡。例如,在学生使用的英语教材中,有一单元的主题为 Environment,教师通过微信群内分享迈克尔·杰克逊的经典歌曲 *Heal the World* 和 *Earth Song*,让学生从歌词和视频中感受到保护地球的紧迫性。在中国传统节气冬至到来时,教师在微信群推荐了旋律优美的歌曲 *Winter in My Heart*,学生通过自主学习该歌曲,并选取一句以上歌词在群内朗读或演唱打卡。如果分享的内容为电影片段或配音,教师则向学生介绍演员或导演和他们的优秀作品。例如,其中一次打卡任务为电影《当幸福来敲门》的片段,父亲陪儿子打篮球时有一段非常励志的台词"Father: Don't ever let somebody tell you you can't do something. Not even me. All right? Son: All right. Father: You got a dream, you gotta protect it. People can't do something themselves, they wanna tell you you can't do it. If you want something, go get it."教师以这段台词为例,引导学生思考 gotta 和 wanna 这类口语缩略词的用法,鼓励学生观看这部励志的经典影片,并向学生推荐主演威尔·史密斯的其他优秀作品。此外,在 *ChinaDaily* 和 21 世纪英文报微信公众号中,有大量介绍中国文化、经济发展和时事热点的视频,教师也可以将其作为打卡内容,帮助学生了解中国速度、中国质量,树立文化自信。通过日积月累的拓展,学生了解了大量的英文歌曲、电影、明星、文学作品等,扩大了知识面,感受到了中西文化的差异,还能积累许多激励和振奋的英文美句。

(三)打卡方式

教师在开学后第一节英语课上,以班级为单位新建微信群,介绍口语打卡规则,鼓励学生参与打卡。实践周期为两个学期(不包括寒暑假),累计时长约200天。口语打卡以自愿参与为原则,以激发英语学习兴趣为目标,以提高英语发音和口语表达为成果。打卡活动仅用于辅助教学,均在课余时间完成,不影响正常的授课计划,重在培养学生的英语口语能力,与期末考核不直接相关。在实践周期内,教师于每天上午8点在班级群发布打卡内容和要求,学生在当晚12点前完成打卡,如有特殊原因,一星期可允许补打卡两次。配音任务需发送链接在微信群内打卡,其他内容以语音的形式打卡。

(四)点评方式

为了更好地帮助学生加强口语发音,每星期至少保证一次群内点评,从发音的标准度、清晰度、流利度、轻重读、语速、连读、停顿、情感表达等角度,对学生的朗读进行评价。教师点评时,先@该打卡成员,以文字形式肯定其优点,并根据学生的具体情况,循序渐进地提出中肯的改进建议。学生可以从点评中直观地了解自己的不足之处,并通过搜索群聊天记录,对比每周的变化。点评方式主要有教师点评、组长点评和生生互评三种。教师每月点评1~2次,每轮尽量点评到所有的打卡成员。同时,建立小组互助学习模式,每5~6人为一组,由组员推选小组长,组长提醒成员打卡,并定期点评组员的朗读。有时采用生生互评的方式,让每个学生都有机会参与点评。教师发布打卡任务时,告知学生当天为"同伴点评日",每位学生提交打卡后,马上对前一位学生的朗读进行点评。

二、教学效果与评价

(一)微信群口语打卡的教学效果反馈

在约200天的打卡周期内,三个教学班共有82人坚持打卡150天以上。在整个教学实践中,教师定期记录学生口语发音的不足之处。通过对比发现,经过教师和同伴的反复提醒,大部分学生能够及时纠正错误,在发音标准度和朗读技巧上有明显的进步。例如,打卡的第一个月,大多数学生不能发好th音、v音、r音、双元音和部分单元音,经过一两个月的纠音、模仿和练习后,他们基本上能够改掉错误的发音方式,做到标准、清晰。在参与打卡活动前,大部分学生对英语朗读技巧不熟悉,通过教师的讲解和点评,他们学会运用各种朗读技巧,让自己的口语听起来更地道和流畅。

为了更好地了解学生的学习感受和能力提升情况,在两学期的打卡结束后,教师对坚持打卡的82位学生进行了匿名问卷调查,了解他们在打卡过程中的收获以及遇到的困难。匿名调查问卷包括以下五个问题。

① 在学习本课程前,你用微信学习英语的次数大约是多少?
② 本次微信群口语打卡对提高你的英语口语表达能力有帮助吗?
③ 通过微信群口语打卡,你认为自己在哪些方面得到了明显提升?
④ 你觉得用微信平台进行口语打卡的优势有哪些?
⑤ 你认为微信群口语打卡最大的缺点是什么?其中问题①、②、③考察学习效果,问题④和⑤调查学生使用微信练习口语的便利和困难。

根据调查结果显示(如图11-1、11-2、11-3所示),在参与本次口语打卡前,只有9人使用微信学习英语达50次以上,仅占10.98%;学习11～50次的学生有15人,占比18.29%;而学习0～10次的学生多达36人,占比70.73%,其中有22人从未使用微信学习过英语。80.49%的学生认为本次口语打卡对他们的帮助较大,18.29%的学生感受一般,只有一位学生认为没有任何帮助。关于英语能力的提升,学生自我评估的比例从高到低分别为:英语发音(85.37%),对英语的兴趣和坚持(73.17%),英语朗读技巧(68.29%),词汇量(54.88%),文化知识(51.22%),语言应用能力(46.34%),自主学习能力(41.46%)。由此可见,大部分学生在发音、英语学习兴趣和朗读技巧上都有非常明显的进步,这也基本实现了本次口语打卡活动能力培养的目标。

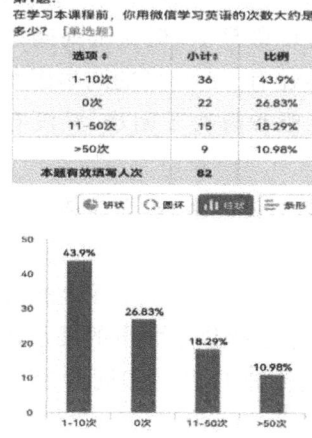

图 11-1 学生用微信学习英语的情况

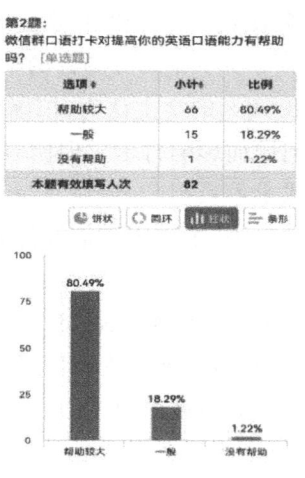

图 11-2 口语打卡是否有帮助

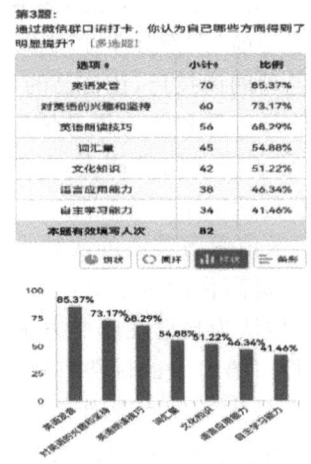

图 11-3 口语打卡提升了哪些能力

(二) 微信群口语打卡的优势和不足

通过问卷调查发现(如图 11-4 所示),学生使用微信练习口语的优势主要体现在:不用当着同学和老师的面朗读英语,有利于克服紧张情绪;通过反复朗读练习,口语发音和流利度提高明显;丰富多样的打卡内容,帮助他们了解更多的名人、电影和文学作品,扩大了知识面;学习时间比较灵活,可以自由安排练习时长和学习进度;通过教师和同学的点评,能够及时发现错误,纠正发音。虽然微信群口语打卡有诸多便利,但相比课堂上的面授教学,它也存在一些缺点。调查显示(如图 11-5 所示),只有 36.59% 的学生非常适应微信口语打卡,很少遇到操作上的困难;有 48.78% 的学生认为,忙碌时容易忘记打卡,还有 14.64% 的同学因网络不好和流量问题而影响打卡。但所有学生都积极地克服和解决了困难,并没有把口语打卡当成学习负担。

教师认为,本次用微信群提高学生口语能力的尝试和实践,至少体现出以下四个优点。

一是活跃班级群,形成良好的学习氛围和师生互动。大部分打卡的句子生词不多,还可自行选择打卡长度,因此给基础较差的学生提供了大量的展示机会。学生能相互看到彼此的打卡,收到点评和鼓励,感受到来自老师和同学的关注和肯定,也更有动力坚持和改进。

二是消除学生的紧张情绪,激发参与热情。有的学生害怕面对面或上台说英语,而借助最熟悉的手机和微信,所有练习和展示都可独自完成,有助于克服紧张情绪,增加开口说英语的机会。

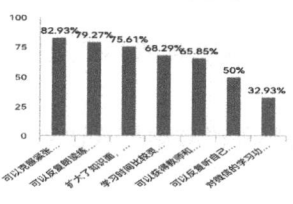
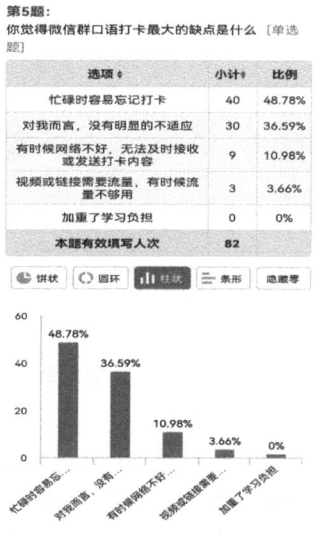

图 11-4　用微信进行口语打卡的优势　　图 11-5　用微信进行口语打卡的缺点

三是提高学生的英语听说能力。学生在打卡前,通常会反复精听原声音频,多次模仿练习,将自己最满意的朗读呈现在大家面前。这个重复听、练和读的过程,就是一个不断提升个人听读能力、完善发音以及朗读技巧的过程。

四是打破课堂教学的时间和空间限制,让学习可以随时随地进行。微信群内便于分享各类学习资源,不管是图片、链接、视频,还是配音材料,学生点击即可观看内容。学生的英语学习不再局限于一周两次的课堂教学,而是每天都可以更新学习内容,根据自己的实际情况和需求,自由把控学习时长。而教师也可以随时回复信息和互动点评,将课堂教学和课外拓展紧密结合。

当然,两个学期的口语打卡也是对学生毅力和耐心的极大考验。学生如果缺乏及时的督促和鼓励,就难以坚持练习。在今后的教学中,教师可调整打卡周期的时长,例如以一个月为一周期,设置合理的奖励机制,每个周期的打卡结束后,对坚持打卡的小组和个人进行适当的表彰和奖励,吸引更多的学生参与练习。

总之,用微信提升高职学生的英语口语能力具有极大的潜力和实践空间。当然,这需要教师因材施教、精心设计和备课、耐心分享和点评,及时鼓励和鞭策学生,只要教师合理规划学习内容和分配点评任务,学生的英语口语能力一定会得到明显的提升。

参 考 文 献

[1] 杨海霞,田志雄,王慧.现代高职英语教学研究与实践探索[M].长春:吉林人民出版社,2019.

[2] 高美云,罗春晖.基于职业能力培养视角的高职英语教学模式改革研究[M].长春:吉林人民出版社,2018.

[3] 金红卫,陈勇.英语认知能力构建与高职实用英语教学改革[M].长春:吉林出版集团股份有限公司,2018.

[4] 陈海燕.高职商务英语专业实践教学体系研究[M].北京:北京理工大学出版社,2016.

[5] 童丽玲,戴日新,彭宣红.任务型教学设计视角下高职英语教师专业发展研究与实践[M].西安:西安交通大学出版社,2017.

[6] 袁飞,李龙霞.高职英语教学理论与实践[M].北京:中国国际广播出版社,2020.

[7] 张明.高职英语教学与商务实践[M].长春:吉林教育出版社,2019.

[8] 高昆.高职英语教学综合分析[M].西安:电子科技大学出版社,2019.

[9] 张亚梅.高职英语教学策略与实践[M].北京:文化发展出版社,2019.

[10] 资灿.高职英语教学的发展与创新研究[M].成都:西南交通大学出版社,2020.

[11] 赵盛.高职英语教学方法与改革研究[M].长春:吉林人民出版社,2020.

[12] 王九程.信息化时代高职英语教学研究[M].长春:吉林人民出版社,2020.

[13] 黄爱良,孔燕,曹波.高职英语教学模式探究[M].哈尔滨:东北林业大学出版社,2018.

[14] 张爱玲.高职英语教学的反思及未来趋势研究[M].青岛:中国海洋大学出版社,2019.

[15] 王婷.高职英语教学理论研究与方法探索[M].长春:吉林出版集团股份有限公司,2019.

[16] 张艳.信息化时代高职英语教学研究[M].延吉:延边大学出版社,2019.

[17] 王金土.高职英语教学要求词汇[M].大连:大连理工大学出版社,2017.

[18] 白冬建,李建娟.高职英语教学与自主学习研究[M].长春:东北师范大学出版社,2016.

[19] 孙雅莉.信息化环境下高职英语教学现状及相关问题研究[M].长春:东北师范大学出版社,2017.

[20] 周娟娟.高职高专英语情境教学[M].成都:四川大学出版社,2018.

[21] 刘君.高职公共英语的教学与改革创新研究[M].长春:东北师范大学出版社,2019.

[22] 何洁.高职院校 ESP 课程教学与研究[M].长春:吉林文史出版社,2018.

[23] 潘文霞,胡娟.互联网+背景下高职商务英语教学研究[M].北京:中国商务出版社,2018.

[24] 何冰,汪涛.翻转课堂与英语教学[M].长春:吉林人民出版社,2019.

[25] 何明霞.基于网络环境的大学英语自主学习监控理论与实践研究[D].上海:上海外国语大学,2012.

[26] 何明霞.基于网络环境的大学英语自主学习监控策略研究[J].湖北经济学院学报(人文社会科学版),2014,11(3):195-197.

[27] 刘西娟,韩笑,夏恒霞."线上+线下"混合式教学模式有效性调查——以大学英语教学为例[J].现代交际,2018,(23):48-49.

[28] 张丽君.基于超星学习通的英语阅读移动教学模式应用研究[J].信息技术与信息化,2016,(12):96-98.

[29] 翁晓梅.基于微信公众平台的英语移动课堂实时教学设计与应用[J].职教通讯,2016,(21):1-8.

[30] 陈晓兰.农林高职院校移动英语学习环境构建研究[J].高等农业教育,2017,(4):118-122.

[31] 冯娟.用微信提升高职学生英语口语能力的实践与探索[J].海外英语,2022,(4):189-191.

[32] 冯娟.翻转课堂模式在高职公共英语写作教学中的应用探析[J].海外英语,2022,(7):205-206.

[33] 冯娟.高职英语课程思政教学实践与思考——以道路桥梁工程技术专业为例[J].岳阳职业技术学院学报,2022,37(5):36-39.